Der Gärtnerbursche
von Wörlitz

Der Gärtnerbursche von Wörlitz

Kriminalerzählung
entdeckt und nacherzählt von
Jürgen Hofmann

Altberliner Verlag

Illustrationen und Einband
von Klaus Müller

Originalausgabe:
Adrian Mohr
Franz Würdig, der Gärtnerbursche
von Wörlitz
Berlin, 1913

Vorwort

Auf halbem Wege zwischen den Städten Dessau und Wittenberg, am Rande der weiten Elbaue, liegt der Ort Wörlitz. Er diente einst den Fürsten von Anhalt als Sommerresidenz, wovon heute noch ein gut erhaltenes, prächtiges Schloß, das jährlich von vielen Kunstliebhabern besucht wird, Zeugnis gibt.

Bekannter aber als dieses schöne Baudenkmal ist der Park, der es umgibt. Dieser großartige Landschaftsgarten ist um einen See herum angelegt und schließt weitere Gewässer ein, die untereinander und mit dem See durch schiffbare Kanäle verbunden sind.

Keine Mauer begrenzt die kunstvolle Gartenanlage, ja, in ihren äußeren Bezirken geht sie unmerklich in die freie Landschaft über, als ob sie ein Teil von ihr sei.

Nicht nur die seltenen Gehölze, die malerischen Baumgruppen, blühenden Wiesen und bunten Blumenbeete ziehen die Besucher an – in dem ungewöhnlichen Garten gibt es hübsche Tempel und geheimnisvolle Denkmäler, gastliche Pavillons und dunkle Grotten, sogar unterirdische Gänge und hochaufgetürmte Felspartien. Und immer wieder überraschen den Spaziergänger anders gestaltete Brücken und Brückchen, die die Wasserflächen überspannen. Auf dem Wasser sieht man neben Schwänen und anderen Vögeln während des Sommers prachtvolle Gondeln schwimmen, in denen junge Burschen die Besucher über den See und durch die stillen, schattigen Kanäle rudern. Und zu einigen der zahlreichen Inseln verkehren wie in alten Zeiten durch Seile bewegte Fähren.

Schon vor zweihundert Jahren kamen Menschen aus aller Welt, darunter viele berühmte Männer, in das kleine anhaltinische Land, um die damals in Europa einmalige Anlage zu bewundern. Außerdem interessierte man sich noch für manches andere, was neuartig und vorbildlich war in diesem Teil Deutschlands. Denn der Fürst Leopold Friedrich Franz, der damals hier regierte, war ein ungewöhnlich fortschrittlicher Herrscher, der zum Wohle seines Landes eine ganze Reihe aufsehenerregender Neuerungen auf den verschiedensten Gebieten der Wirtschaft, der Bildung und Kultur einführte. Ein heute noch sichtbares Zeichen der humanistischen Gesinnung dieses klugen und gebildeten Mannes ist der Park in Wörlitz. Er wurde nicht – wie sonst üblich – nur zur Belustigung einiger Bevorrechteter angelegt, sondern war auch den einfachen Menschen jener Zeit zugänglich. Von Anfang an sollte er jedermann zur Freude, Erholung und Belehrung dienen.

Deshalb wurde er nicht nur von den Menschen seiner Zeit hoch geschätzt, sondern auch bis auf den heutigen Tag nicht vergessen. Davon zeugen nicht zuletzt die Geschichten, die man sich immer noch über ihn und sein Lebenswerk erzählt. Eine von ihnen ist in diesem Buch aufgeschrieben.

1. Kapitel
Die folgenreiche Begegnung

An einem sonnigen Septembertag des Jahres 1796 schritten zwei Männer durch den Park zu Wörlitz, die sich angeregt unterhielten. Hin und wieder blieben sie stehen, betrachteten einen seltenen Baum, eine auffallende Laubfärbung oder andere Besonderheiten der gut gepflegten, eindrucksvollen Anlage. Der ältere der beiden war der Herr dieses schönen Landstriches, Fürst Franz von Anhalt-Dessau; der jüngere war Freiherr von Humboldt, dessen Familie eine langjährige Freundschaft mit dem Fürsten verband.

»Nun bin ich schon so oft in Ihrem wunderbaren Gartenreich zu Gast gewesen«, sagte der junge Gelehrte gerade, »doch jedesmal gab es etwas Neues darin zu besichtigen.«

»Ich bin bereits gespannt, was Sie zu unserem neuesten Bauwerk sagen«, erwiderte der Fürst, »es ist soeben erst fertiggeworden und hat noch nicht einmal einen Namen.«

Die beiden Männer waren jetzt an eine große Rasenfläche gelangt, um die sich der Weg in ausladenden Biegungen herumwand.

»Kommen Sie«, sagte der Fürst zu seinem Begleiter, »wir wollen den Weg ein wenig abkürzen«, und machte Anstalten, quer über den Platz auf eine Brücke zuzugehen, die weiß durch die Büsche schimmerte. »Eigentlich mag ich's ja nicht, daß der Rasen betreten wird«, erklärte er, »und meine Leute haben strenge Anweisung, darauf zu achten, daß kein Spaziergänger die Wege verläßt. Es kostet so schon Mühe genug, die Anlagen in Ordnung zu halten. Aber es sieht uns ja niemand.«

Da hatte er sich freilich verrechnet. Denn kaum hatte er diese Worte ausgesprochen, sprang aus dem nahen Buschwerk ein etwa vierzehn Jahre alter Knabe auf die verdutzten Männer zu, schwang drohend eine lange Harke und schrie sie an: »Wollt Ihr da runter! Ihr werdet die schwere Not kriegen, wenn Schoch kommt!«

Dabei blickte er die Frevler, die sich rasch gefaßt hatten und nun belustigt auf das Bürschchen herabsahen, herausfordernd an.

»Nun, nun«, sagte der Fürst beschwichtigend, »wir werden doch hier gehen können. Dem Rasen wird das keinen großen Schaden tun.«

»Nein, Ihr sollt da runter! Was versteht Ihr schon davon. Lauft gefälligst auf den Wegen, dazu sind sie da. Schoch wird Euch zeigen, wo es lang geht, wenn Ihr nicht bald macht, daß Ihr von der Wiese kommt!«

»Schoch?« wandte sich Humboldt an den Fürsten. »Das ist doch Ihr Hofgärtner?«

»Ja. Dieser Knabe scheint von ihm neu ange-

stellt worden zu sein. Aber er kennt seine Pflicht, und das verdient Anerkennung.«

Der Fürst suchte in seinen Taschen, während sein Gast den jungen Parkhüter, der da mit grimmiger Miene vor ihnen stand, näher betrachtete.

Der Junge war ärmlich, aber sauber gekleidet. Aus den knielangen Hosenbeinen ragten die nackten Unterschenkel und bloßen Füße heraus wie bei vielen seiner Altersgenossen auf dem Lande. So sparte man während des Sommers das Geld für den Schuster. In dem aufgeweckten Gesicht funkelten zornig braune Augen, und das gleichfalls braune Haar fiel ihm in dicken Strähnen in die Stirn.

Inzwischen hatte der Fürst ein Geldstück gefunden und drückte es dem Knaben in die Hand.

»Wie heißt du, mein Junge?« fragte er dann, während der Knabe verwundert auf die große Münze starrte.

Fast unwillkürlich antwortete dieser: »Lindig.«

»Hm«, brummte der Fürst Franz. »Der Name sagt mir nichts. Wie ruft man dich?«

»Mein Vorname ist Franz«, versetzte da der Bursche stolz. »Genau wie der des Fürsten.«

»Wohnst du in Wörlitz?«

»Ja, beim Tischler Strömer.«

»Bei Strömer? Warum nicht bei deinen Eltern?«

»Der Tischler ist mein Großvater. Mein Vater ist gestorben, und meine Mutter wohnt in Rehsen.«

»Du bist hier im Park angestellt?«

»Ja. Ich will die Gärtnerei erlernen.«

»Und wer hat dir befohlen, harmlose Besucher zu erschrecken?«

»Zu erschrecken? Was kann ich dafür, wenn Ihr mich übersehen habt? Ich habe zwischen den Büschen Laub geharkt. Als ich Euch auf den Rasen treten sah, habe ich es Euch verboten. So hat es mir mein Meister angewiesen.«

»Schon recht«, erwiderte der Fürst. Und zu dem Freiherrn sagte er augenzwinkernd: »Wir wollen dem jungen Mann gehorchen und den Weg benutzen. Er ist ja dazu da.«

Mit diesen Worten machte er kehrt und verließ das Rasenstück. Der Gelehrte folgte ihm lächelnd.

Nachdenklich blickte der Knabe den beiden Männern nach. Er spürte, daß er es nicht mit gewöhnlichen Leuten zu tun gehabt hatte, und Neugier kam in ihm auf. Zugleich aber auch ein leises Mißtrauen – des Geldes wegen, das er noch immer in der Hand hielt. Ein ganzer Gulden! Was man dafür alles kaufen konnte! So viel Geld, sagte er sich, verschenkt niemand, ohne etwas damit zu bezwecken. Sollte er bestochen werden, um Meister Schoch nichts von diesen Herren zu erzählen? Natürlich, die hatten kein gutes Gewissen. Hätten sie sich denn sonst von ihm einschüchtern lassen? Und warum hatte der eine ihn derartig ausgefragt? Was taten sie hier, was hatten sie vor?

Franz beschloß, den Männern nachzugehen und sie heimlich zu beobachten.

Eben verschwanden die zwei Spaziergänger aus seinem Blickfeld, indem sie die weiße Brücke auf der anderen Seite der Rasenfläche überschritten. Der Junge steckte das Geldstück tief in die Hosentasche und lief dann rasch hinüber zu der Brücke, die sich in kühnem Bogen über einen breiten Kanal spannte. Als er sie überquert hatte, blieb er stehen. Nicht weit vor sich auf dem Wege, der gut zu überschauen war, erblickte er die beiden wieder. Sie waren ins Gespräch vertieft und hatten es offenbar nicht sonderlich eilig. Da sie sich nicht umdrehten, bemerkten sie nicht den Jungen, der ihnen nun in einiger Entfernung folgte.

Jetzt betraten sie erneut eine Brücke. Diese war so hoch gebaut, daß jeder, der darüber ging, weithin gesehen werden konnte. Franz war sich klar, daß er diesen Weg nicht nehmen durfte, wenn er nicht entdeckt werden wollte.

Vielleicht gibt es dort weiter links, wo diese Felswand aufragt, noch eine Möglichkeit, den Kanal zu überqueren, sagte sich der Knabe, der tatsächlich erst vor kurzem vom Gärtner Schoch eingestellt worden war und sich noch nicht in allen Teilen des weitläufigen Parkgeländes auskannte. Er eilte zu dieser Stelle und sah sich plötzlich vor einem Abgrund, in dessen Tiefe das Wasser des Kanals blinkte. Und über den Abgrund, von Felswand zu Felswand, führte eine Brücke, wie sie der Knabe noch nie gesehen hatte. Sie war nicht fest gefügt aus Stein, Holz oder Eisen, sondern bestand aus einer Lage Bretter, die lose auf dünne Ketten gelegt schienen, und dünne Ketten bildeten auch das Geländer.

Behutsam betrat Franz den schwankenden Steg, der unter seinen Schritten sogleich erheblich zu schaukeln begann. Er überquerte ihn mit angehaltenem Atem und war recht erleichtert, als er wieder festen Boden unter sich spürte.

Der Knabe blieb jetzt auf dem Weg, der zwischen Buschwerk und jungen Bäumen zu einer Bodenerhebung führte. Er kam gerade rechtzeitig dort an, um die beiden Männer abermals verschwinden zu sehen. Und zwar in einer großen Höhle, die in halber Höhe eines mächtigen Felsens gähnte. Ein steiler, kaum erkennbarer Pfad führte zu ihr empor.

Franz überlegte. Sollte er sich verstecken und warten, bis die Männer wieder erscheinen würden, oder sollte er ihnen in die Höhle folgen? Vielleicht wäre es auch gut, hinauf auf den Gipfel der Felsklippe zu klettern und dort oben einen Beobachtungsposten zu beziehen?

Schließlich verbarg er sich in einem dichten Taxusgebüsch. Nach kurzer Zeit erschienen die Männer wieder in der Höhlenöffnung. Vorsichtig, sich gegenseitig warnend und stützend, stiegen sie den Felsenpfad hinab, schritten dann nahe an dem Versteck des Jungen vorbei in Richtung Kettenbrücke, über die er vorhin gekommen war.

Franz war abermals unschlüssig. Sollte er den beiden weiter nachgehen oder schauen, was es da oben gab?

Die Neugier, was in dem Felsen wohl verborgen sein mochte, siegte letztendlich, und mit klopfendem Herzen stieg er hinauf.

Bald stand er in der Höhle und sah sich um. Sie war geräumiger, als man vermuten konnte – allerdings ganz leer. In ihrem Hintergrund fand sich lediglich eine Treppe, die abwärts – offenbar ins Freie – führte. Sonst konnte Franz nichts Besonderes entdecken.

Als er aber die im Halbdunkel liegenden Wände nochmals überprüfte, bemerkte er unweit der Treppenmündung eine Spalte im Fels. Und diese Spalte erwies sich als der Anfang eines schmalen Ganges, in dem sich eine Treppe aufwärts wand. Langsam tastete sich der Junge auf ihr empor, bis er auf eine Tür stieß, die ihm den Weg versperrte. Er drückte dagegen, sie öffnete sich, und im nächsten Augenblick stand er in hellem Tageslicht. Er befand sich in einem freundlichen Gemach, in das die späte Nachmittagssonne durch mehrere altertümliche Fenster fiel. Als er an eines herantrat und nach draußen blickte, bot sich ihm eine herrliche Aussicht auf die herbstliche Auenlandschaft. Kein Wunder übrigens, denn es war hier – so schätzte er mit einem abwägenden Blick in die Tiefe – an die vierzig Fuß über ebener Erde. Der Kirchturm seines Heimatdorfes Rehsen war kaum höher.

Franz trat vom Fenster zurück und nahm das Zimmer näher in Augenschein. Nur wenige Möbel standen darin, ein paar Stühle und ein Tisch. Auf diesem waren Papiere ausgebreitet, Zeichnungen und Pläne.

Plötzlich hörte der Knabe Stimmen auf der Treppe. Er erschrak. Das waren sicher die beiden Fremden, die aus irgendeinem Anlaß zurückkehrten! Was würde geschehen, wenn sie ihn hier anträfen? Vielleicht hatten sie gar eine Erlaubnis, sich an diesem Ort aufzuhalten ... Was sollte er ihnen sagen, wenn sie ihn fragten, was er hier zu suchen hätte?

Franz bekam immer mehr Angst. Am liebsten hätte er sich fortgestohlen, doch daran war jetzt nicht mehr zu denken. Es gab ja keinen Ausgang aus dem Gemach als den über die schmale Wendeltreppe, denn durch die Fenster konnte man nicht klettern. Die befanden sich viel zu hoch über dem Erdboden.

Schon waren die Stimmen ganz nahe, die Männer mußten gleich ins Zimmer treten. Wie gebannt starrte Franz zur Tür, die nach innen halb offenstand. Da bemerkte er neben ihr eine Vertiefung in der Mauer, und ohne sich lange zu besinnen, huschte er hinein. Im nächsten Augenblick wurde auch schon die Tür vollends aufgestoßen.

Nun war der Junge in der Nische verdeckt. Zwar konnte er so nicht sehen, wer das Gemach betrat, doch hörte er sofort, daß es nicht die Männer waren, die er erwartet hatte. Dies waren andere Stimmen.

Deutlich vernahm Franz jedes Wort, das sie miteinander sprachen. Und was ihm da zu Ohren kam, erschien ihm unglaublich.

2. Kapitel
Ein ungeheuerlicher Plan

Die beiden Männer, deren Gespräch Franz nun mit anhörte, hatten noch kurz zuvor in der Schankstube des Stadtgasthofs »Zum Eichenkranz« gesessen. An gewöhnlichen Tagen hielten sich um diese Zeit – es war ja erst Nachmittag – nur wenige Gäste dort auf. An diesem Sonnabend jedoch hatten die Wörlitzer, welche es sich leisten konnten, ihre Arbeit früher als sonst beendet, denn in Erwartung des Erntefests am nächsten Tag herrschte im Städtchen bereits feiertägliche Stimmung. Auf dieses Fest, das auf einem eigens dafür hergerichteten Platz, dem sogenannten Drehberg, alljährlich begangen wurde, hatte man sich schließlich den ganzen Sommer über gefreut. Die Ernte war in diesem Jahr gut ausgefallen, zum größten Teil auch schon eingefahren und füllte nun die Scheunen und Speicher. Wo diese nicht ausreichten, waren trotz des amtlichen Verbots die Landwirte gezwungen, auch die Dachböden ihrer Wohnhäuser als Lagerraum für Heu und Getreide zu nutzen.

Darüber stritt man nun, denn die vielen Fachwerkhäuser waren ohnehin schon durch Feuer sehr gefährdet. Soeben hatte der Hofgärtner Schoch, ein ernster Mann von etwa fünfundvierzig Jahren, seine Bedenken geäußert und die Vorschriften, die der Fürst erlassen hatte, als durchaus sinnvoll bezeichnet.

»Ihr mögt Grund haben, den Fürsten und alles, was er tut, zu preisen«, rief darauf ein großer hagerer Mann, der an einem der Nachbartische saß, dem Gärtner zu. »Ihr werdet ja vermutlich auch gut von ihm bezahlt.«

Es war Balthasar Bielmann, ein Metzger. Dieser lebte noch nicht lange in Wörlitz und betrieb neben seinem Handwerk einen kleinen Viehhandel. Offenbar hatte er dem Bier schon tüchtig zugesprochen, denn sein kantiges Gesicht war stark gerötet.

Der Angeredete sah den Metzger verwundert an. Der aber fuhr fort: »Unsereiner jedoch, dem nichts geschenkt wird, hat einen anderen Blick auf die Obrigkeit. Der Fürst denkt doch nur an sich und sein Vergnügen. Hätten wir das Geld, das er allein für diesen Park verschwendet, wie herrlich könnten wir leben!«

Hierauf hagelte es Protest von allen Seiten.

Nachdem der Tumult etwas abgeebbt war, sagte Schoch: »Euch hat das Bier wohl den Verstand getrübt, Bielmann? Ihr müßtet doch inzwischen wissen, was diese Anlagen für die Wörlitzer bedeuten! Müßtet bemerkt haben, daß Menschen aus ganz Deutschland hierherkommen, um das Werk des Fürsten zu bewundern!«

»Was gehn mich diese Leute an, die nichts Besseres zu tun haben, als in der Weltgeschichte herumzureisen«, versetzte der Metzger verächtlich. »Ich bleibe dabei – der Park ist eine Liebhaberei des Fürsten, die uns überhaupt nichts nützt. Im Gegenteil, wir haben nur dafür zu blechen. Als ob wir nicht schon genug Abgaben hätten. Wenn ich nur an diese sogenannte Brandkasse denke – «

»Was habt Ihr denn dagegen einzuwenden?« erwiderte der Gärtner. »Dieser kleine Beitrag tut niemandem weh. Dafür bekommt man aber, falls Hab und Gut in Flammen aufgehen, allen Schaden ersetzt. Mehr Geld, als man je eingezahlt hat. Was für ein Vorteil gegenüber früher!«

Bielmann schwieg einen Augenblick. Dabei sah er seinen Schwager Wiepert ärgerlich an, weil der versuchte, ihn durch Zeichen zum Schweigen zu bringen. Mit lauter Stimme fuhr er dann aber fort: »Früher? Wenn früher wer abbrannte, hat der Fürst allen Schaden getragen! Er hat Bauholz für das neue Haus zur Verfügung gestellt, und was sonst an Kosten anfiel, wurde aus der Landeskasse bezahlt. Die Sache mit der Versicherung ist doch ein Trick, ein übler. Drücken will sich der Fürst vor seinen Kosten! Abwälzen will er sie auf uns, das ist der Sinn der ganzen Versicherung, die mir gestohlen bleiben soll. Man sieht es doch: Der kleine Mann zahlt ein, der Herr kassiert das Geld, verwahrt's angeblich und baut indes mit ihm ein Lustschloß nach dem andern.«

Der Hofgärtner winkte ab und wandte sich wieder seinen Tischgenossen zu. Er fand es wenig sinnvoll, mit diesem Mann weiter zu diskutieren.

Doch da schlug ein graubärtiger Alter, dessen gutmütiges Gesicht von tausend Falten durchfurcht war, mit der Faust auf den Tisch und rief: »Schockschwerenot! Was redet dieser Kerl für einen Quark zusammen? Alle Welt beneidet uns um unseren Fürsten, und dieser Schubiack zieht ihn in den Dreck!«

Es war der mit dem Fürsten eng vertraute Förster Wöpke, dem neben der Aufsicht über Wald und Wild auch die über die vielen Deichbauten oblag.

Bielmann fuhr auf und wollte zornig etwas erwidern, doch sein Schwager Wiepert, der als Parkhüter in fürstlichen Diensten stand, legte ihm beschwichtigend die Hand auf die Schulter.

Der Hofgärtner aber sagte, ohne sich noch einmal zu dem Metzger hinzudrehen: »Fürst Franz muß gegenüber einem solchen Menschen nicht in Schutz genommen werden. Jedermann hier weiß, daß ihm das Wohl seines Landes mehr als alles andere am Herzen liegt.«

Die meisten Anwesenden nickten beifällig, und der Maurermeister Corte meinte: »Das ist wohl wahr. Man sieht's schon daran, daß er nicht nur – wie andere Herrn – vom Kabinettstisch aus regiert, sondern sich auch nicht zu schade ist, mal mit seinen Händen zuzugreifen. Sei's auf 'nem Bau, im Park oder bei der Arbeit an den Deichen.«

»Ganz recht«, stimmte der Tischler Strömer, Franz Lindigs Großvater, dem Maurer bei. »Zugepackt hat er schon immer. Ich denke nur an das Hochwasser in den siebziger Jahren. Damals kam er Tag und Nacht nicht aus seinen Kleidern.«

»Na, und wenn's brennt, ist er auch heute noch am Ort, um die Löscharbeiten zu überwachen«, versetzte der Gärtner.

»Weiß Gott«, sagte Wöpke bestätigend und wischte sich den Bierschaum aus dem Bart. »Im letzten Sommer badete er gerade im See, als er erfuhr, daß es in Dessau brannte. Ohne sich abzutrocknen, fuhr er in seine Kleider, schwang sich aufs Pferd, das man ihm schnell gebracht hatte, und preschte davon – Gesicht und Haar noch ganz mit Entengrütze bedeckt. Er kam noch eben rechtzeitig zur Brandstelle, um größeres Unheil verhindern zu helfen.«

Andere wußten ähnliche Geschichten, zumal es in Wörlitz immer wieder einmal brannte. Man plauderte und kramte in Erinnerungen, wobei man den Brand in den Kehlen fleißig mit Wein oder Bier löschte.

Nur Bielmann, der Metzger, nahm keinen Anteil mehr an dem Gespräch. Gedankenversunken trank er sein Glas aus, dann winkte er der Wirtin, ließ seinen Schwager zahlen und verließ mit ihm die Schankstube. Draußen gingen die beiden Männer wortlos nebeneinander her. Nach kurzer Zeit verließen sie die Straße und betraten einen Weg, der in den Park führte.

Hier brach Bielmann das Schweigen.

»Hast du das Geld auftreiben können?« fragte er Wiepert.

Der schüttelte den Kopf. »Nichts zu machen, Balthasar. Die Summe, die du genannt hast, kann oder will mir niemand borgen.«

»Zum Henker mit diesen Wörlitzer Geizkragen!« erwiderte darauf der Metzger. »Und zur Hölle mit allen Wucherern! Wenn ich die zweitausend Gulden nicht in der nächsten Woche beibringe, verliere ich Haus und Hof und vielleicht auch noch meine Freiheit.«

Besorgt schaute Wiepert seinen Schwager von der Seite an und sagte: »Ich verstehe noch immer nicht, warum du soviel Geld brauchst. Dein Gewerbe ist doch ganz einträglich!«

»Ich sagte dir ja schon, es sind alte Schulden. Bevor ich hierherkam, hab ich mehrmals Pech beim Viehhandel gehabt. Nun wollen meine Gläubiger nicht länger warten und fordern unverzüglich ihr Geld zurück. Sie drohen, mich vor Gericht zu bringen, wenn ich nicht in den nächsten Tagen zahle. Kommt es zu 'nem Prozeß, bin ich erledigt, und meine Frau kann sehn, wie sie ohne mich und ohne einen Pfennig zurechtkommt. Ich muß das Geld aufbringen, auf welche Weise auch immer!«

Betreten senkte Wiepert den Kopf. Wenn auch sein Schwager ihm nicht sonderlich sympathisch war, das Schicksal seiner Schwester und ihrer Kinder konnte ihn nicht gleichgültig lassen.

Wieder schwiegen die beiden Männer eine Weile. Der Weg führte am Wasser entlang, doch sie hatten kein Auge für die Schönheit der Umgebung.

Schließlich sagte Bielmann mit einem merkwürdigen Unterton in der Stimme: »Einen Weg gibt es noch, um zu dem Geld zu kommen. Der Gärtner hat mich vorhin darauf gebracht.«

»Und was für einer wäre das?« fragte Wiepert, nichts Gutes ahnend.

Der Metzger blieb stehen und sah sich um. Kein Mensch war in der Nähe. Da sagte er: »Mein Haus müßte brennen. Dann bekäme ich ein hübsches Sümmchen aus der Brandkasse.«

Entsetzt starrte Wiepert seinen Schwager an. »Du würdest doch nicht etwa –?« Das Weitere brachte er nicht über die Lippen.

»Warum nicht?« erwiderte Bielmann. »Soll ich mich in den Schuldturm werfen lassen? Wem wäre damit geholfen? Mein Haus ist ohnehin alt und müßte gründlich ausgebessert werden, um das ist's nicht schade. Doch außer dir weiß das ja niemand so genau, und daher wird die Brandkasse mir viel mehr zahlen, als es wert ist.«

»Warum hast du dann vorhin so verächtlich über die Versicherung gesprochen?« entgegnete Wiepert.

»Zunächst wirklich aus Ärger«, versetzte Bielmann. »Weil man zum Beitritt gezwungen ist. Dann aber, nachdem der Schoch mir das Vorteilhafte an der Sache noch mal so klar vor Augen führte, sprach ich so, weil ich weiter dachte. Einem, der offenbar den Nutzen dieser Einrichtung nicht recht erkannt hat, wird man kaum zutrauen, daß er sein Haus selbst ansteckt.«

Wiepert musterte den Metzger, der sehr viel

kräftiger und größer war als er, kopfschüttelnd von der Seite und sagte mutig: »Ich finde deinen Plan abscheulich. Was du da ausgesponnen hast, ist ein Verbrechen.«

Bielmann lag eine zornige Entgegnung auf der Zunge, doch er besann sich und schwieg. Sein Entschluß, den Brand zu legen, stand bereits fest. Wenn er den Schwager verärgerte, machte der ihm womöglich noch Schwierigkeiten.

Wieder blieb es eine Zeitlang still zwischen den Männern. Sie gelangten immer tiefer in den Park. Das altertümliche Landhaus des Fürsten, das dieser dem Schloß als Wohnsitz vorzog, hatten sie schon ein Stück hinter sich gelassen. Plötzlich zuckte Wiepert zusammen. Jemand hatte seinen Namen gerufen.

Als er um sich blickte, sah er seinen Landesherrn, der ihnen in Begleitung eines jungen Mannes auf einem Seitenweg entgegenkam. Er blieb stehen und zog seine Mütze vom Kopf, während Bielmann das Gesicht abwendete und langsam weiterging.

»Wiepert«, rief der Fürst, ohne den Metzger zu beachten, »tut mir einen Gefallen. Ich war mit meinem Gast eben in dem Gemach auf der neuen Felsenklippe und vergaß, es abzuschließen. Der Zugang ist Euch ja bekannt, seid so gut und sperrt die Tür ab. Den Schlüssel bringt Ihr dann meinem Diener.«

»Jawohl, Durchlaucht, wie Ihr befehlt«, erwiderte der Parkhüter unterwürfig.

Dann eilte er seinem Schwager nach, und beide

schlugen den kürzesten Weg zu der nahe gelegenen Klippe ein. Der Metzger begann jetzt erneut auf den Parkhüter einzureden. Er gab sich alle Mühe, diesen davon zu überzeugen, daß der Brand unumgänglich sei. Währenddessen erreichten sie den Felsen, stiegen in die Höhle und die verborgene Treppe hinauf zu dem Zimmer, in dem sich gerade Franz Lindig befand. Bielmann, der noch nie hier gewesen war, sah sich kurz in dem schönen Raum um und trat an eines der Fenster, während Wiepert sich auf einen Stuhl sinken ließ und den Schweiß von der Stirne wischte. Ihm war übel vor Angst und Erregung, denn er hatte nun erkannt, daß sein Schwager fest entschlossen war, seinen verwerflichen Gedanken in die Tat umzusetzen. Dennoch wollte er nochmals versuchen, ihn von dem Vorhaben abzubringen, und sagte: »Balthasar, glaubst du wirklich, daß du mit dem Geld, von der Brandkasse aus deinen Schwierigkeiten herauskommst? Zweitausend Gulden ist dein Haus doch keinesfalls wert!«

Der Metzger nickte. »Ich weiß«, sagte er und sah seinen Schwager mit festem Blick an. »Und deshalb wird auch dein Haus brennen.«

»Bist du völlig von Sinnen!« rief da der Parkhüter, außer sich vor Schrecken. »Das kommt überhaupt nicht in Frage!«

Bielmann zuckte die Achseln. »Was willst du dagegen tun? Unsere Häuser liegen nun mal nebeneinander, da läßt sich das sowieso kaum vermeiden. Die Entschädigungssumme für beide Häuser zusammen wird schon reichen, um mir

aus der Klemme zu helfen. Und schließlich willst du doch auch, daß deine Schwester mit ihren Kindern nicht im Elend verkommt.«

»Natürlich, aber nicht um solch einen Preis! Und wo wollt ihr wohnen, wenn auch mein Haus zerstört ist? Wohin soll ich?«

»Ihr seid doch in Wörlitz aufgewachsen. Sollten sich da keine Nachbarn oder Freunde finden, die uns eine Zeitlang bei sich aufnehmen? Außerdem könnte ja auch euer vielgerühmter Fürst uns ein vorläufiges Obdach zur Verfügung stellen. Er besitzt genug Gebäude, die nur gelegentlich benutzt werden.«

Bei diesen Worten machte er mit der Hand eine Bewegung, die sich auf den Raum bezog, in dem sie sich befanden. Wiepert aber schüttelte den Kopf, sah vor sich auf den Boden und sagte leise: »Ich bin mit deinem Vorhaben nicht einverstanden. Bitte, überleg es dir noch mal. Doch wenn du deinen Plan ausführst, will ich nichts damit zu tun haben.«

»Sollst du auch nicht«, versetzte Bielmann und schaute abschätzig auf seinen Schwager, der da niedergeschlagen vor ihm saß. »Ich mache das schon alleine. Und zwar morgen bereits, wenn alles auf dem Drehberg ist. Auch du wirst dort hingehen, dann kann später, wenn man aus irgendeinem Grund argwöhnisch werden sollte, kein Verdacht auf dich fallen. Ich selbst fahre mit Frau und Kindern morgen früh ins Sächsische hinüber, lasse sie bei einem Freund und komme heimlich zurück. Die paar Wertgegenstände, die du besitzt, kannst du heut nacht zu mir bringen; ich nehme sie mit und verwahre sie an einem sicheren Ort, bis man dir die Entschädigung ausgezahlt hat. – Und nun fort hier, es wird schon dunkel!«

Mit Entsetzen lauschte Franz in seinem Versteck diesem Gespräch. Er wagte nicht, sich zu rühren. Sein Herz aber klopfte vor Aufregung so laut, daß er schon fürchtete, die Männer in dem Zimmer könnten es hören. Wenn ich entdeckt werde, sagte er sich, ist es um mich geschehen. Wer bereit ist, Häuser anzuzünden, schreckt auch vor Schlimmerem nicht zurück.

Doch die beiden Männer dachten nicht daran, daß sich in diesem abgelegenen, sparsam möblierten Felsgemach außer ihnen noch jemand befinden könnte. So verließen sie den Raum, ohne den Lauscher zu bemerken, zogen die Tür hinter sich zu und verschlossen sie auftragsgemäß.

Franz verharrte regungslos, bis er weder Stimmen noch Schritte auf der Treppe hörte. Dann lief er zu den Fenstern, um die Männer zu sehen, die so Ungeheuerliches miteinander besprochen hatten. Diese jedoch schlugen einen Weg ein, den er von seinem Platz aus nicht übersehen konnte.

Jetzt erst wurde ihm bewußt, daß er ja eingeschlossen worden war. Er rüttelte an der Tür, doch ohne etwas zu bewirken.

Er sah nach dem Schloß, aber das war ins Holz eingelassen. Es blieb dabei, er war gefangen.

Wenn er nicht von hier fortkam, konnte er das, was er eben erfahren hatte, niemandem mitteilen, und der Brandstifter würde ungehindert sein verbrecherisches Vorhaben ausführen. Franz hatte in Rehsen einmal eine Feuersbrunst erlebt und das schreckliche Bild, das die brennenden Häuser boten, nicht vergessen. Fast der halbe Ort war damals den Flammen zum Opfer gefallen. In Wörlitz, wo die Gebäude auch zum großen Teil aus Holz bestanden, würde ein Brand gewiß ähnlichen Schaden anrichten, zumal der Mann zu einer Zeit das Feuer legen wollte, zu der kaum jemand in der Stadt sein würde.

Ich muß um jeden Preis hier heraus, um die Leute zu warnen, sagte sich der Junge und rüttelte erneut kräftig an der Tür. Doch vergebens. Schließlich versuchte er, sie einzutreten, aber die dicken Bretter, aus denen sie gezimmert war, gaben nicht nach. Er lief wieder zu den Fenstern, um zu sehen, ob es nicht doch möglich war hinunterzuspringen. Aber die Höhe war zu groß. Auch ans Hinabklettern war nicht zu denken; die Außenwand des Gemachs war glatt verputzt und ragte obendrein über den Felsen, der sie trug, etwas hinaus.

Es wurde jetzt zusehends dunkler. Die Sonne war längst hinter dem Horizont verschwunden, nur der rötlich gefärbte Himmel verbreitete noch etwas Licht. Über der Au hingen weiße Nebelstreifen und wogten und wallten gespenstisch auf und nieder, während sich unter den Büschen und Bäumen bereits die Nacht eingenistet hatte. Verlassen lagen die Wege, und eine beklemmende Stille umfing den Knaben in seinem hochgelegenen Gefängnis.

Eines kann ich noch versuchen, dachte er, beugte sich weit aus dem Fenster, vor dem er gerade stand, und rief aus Leibeskräften um Hilfe. Doch nichts rührte sich draußen, nicht einmal ein Echo war zu hören.

Als Franz kaum noch einen Laut aus seiner Kehle herausbrachte, gab er das Rufen auf. Mit Tränen in den Augen schloß er das Fenster, um die Nachtkühle nicht länger in den Raum hineinzulassen. Er setzte sich an den Tisch, stützte den Kopf auf die Hände und dachte daran, welche Sorgen sich sein Großvater machen würde, wenn er die Nacht über außer Haus blieb. Noch mehr allerdings beschäftigte ihn die Gefahr, die dem Städtchen drohte. Doch so sehr er sein Gehirn auch anstrengte, er sah keinen Weg, sich aus seiner mißlichen Lage zu befreien und das bevorstehende Unheil von dem Orte abzuwenden.

Bald wurde er müde; schließlich war er seit dem frühen Morgen auf den Beinen und hatte den ganzen Tag fleißig gearbeitet. Da aber nicht einmal ein Sofa vorhanden war, mußte er mit den hölzernen Stühlen vorliebnehmen, von denen er einige nebeneinanderstellte, so daß sie eine Art Bank bildeten. Nach einem letzten Blick aus dem Fenster legte er sich auf diese behelfsmäßige Lagerstatt und schlief trotz ihrer Unbequemlichkeit rasch ein.

3. Kapitel
Das
gestörte Drehbergfest

Seit Franz Lindig bei seinem Großvater wohnte, war er stets pünktlich von der Arbeit nach Hause gekommen. Darum hatte der Alte, als es Nacht geworden und sein Enkel immer noch nicht heimgekehrt war, eine Laterne angezündet und sich zum Hofgärtner Schoch begeben.

Doch der Gartenmeister konnte ihm keine Auskunft geben außer der, daß sich der neue Lehrling an diesem Tag nicht ordnungsgemäß abgemeldet habe.

Beunruhigter als zuvor war der greise Tischlermeister wieder nach Hause gegangen in der leisen Hoffnung, der Junge habe sich inzwischen dort eingefunden. Franz war jedoch immer noch nicht da.

»Wir wollen heute nacht die Tür offenlassen«, sagte er zu seiner Schwester Hanne. »Und bring mir bitte eine neue Kerze. Ich möchte noch eine Weile warten.«

»Du machst dir unnötige Sorgen«, erwiderte die alte Frau mürrisch. »Der Bengel ist alt genug, um auf sich selber aufzupassen. Vielleicht ist's ihm plötzlich in den Sinn gekommen, seiner Mutter in Rehsen einen Wochenendbesuch abzustatten.«

»Ich gäbe was darum, wenn dem so wäre«, versetzte der Tischler. »Doch ich glaube nicht, daß deine Vermutung zutrifft. Der Junge weiß, was sich gehört. Er hätte uns bestimmt Bescheid gesagt. Hoffentlich ist ihm nichts zugestoßen. Ich hab ein ungutes Gefühl. Wenn er bloß nicht irgendwo dort draußen hilflos liegt! Der Park ist groß und hat viele entlegene Winkel.«

»Und wenn du die ganze Nacht wach bleibst – helfen kannst du damit dem Franz auch nicht«, entgegnete ihm Hanne. »Du wirst's morgen sehen, er ist gesund und munter und gibt dir für sein Ausbleiben eine ganz einfache Erklärung.«

»Gott gebe, daß du recht hast«, seufzte der alte Mann und setzte sich in seinen Lehnstuhl.

Schon am frühen Morgen des nächsten Tages herrschte in Wörlitz reges Treiben. Eine Musikkapelle hatte die Einwohner bei Sonnenaufgang mit Fanfarensignalen und fröhlicher Marschmusik geweckt. Bald darauf füllten sich die Straßen und Gassen mit festlich gekleideten Kindern, Frauen und Männern. Lachend und scherzend sammelten sich die Menschen am Gasthof »Zum Eichenkranz« und begaben sich von dort in locker geordnetem Zug und unter den Klängen der Kapelle hinaus zum Festplatz.

Noch vor den Musikern war schon Tischler Strömer auf den Beinen. Er hatte kaum geschlafen und wollte sich gleich nach dem Frühstück nach Rehsen aufmachen, um zu sehen, ob Franz nicht vielleicht doch bei seiner Mutter war.

Als der alte Mann aus der Haustür trat, traf er den Förster Wöpke, der in Rehsen wohnte und bereits vor dem ersten Hahnenschrei nach Wörlitz aufgebrochen war.

»Ihr kommt mir wie gerufen, Wöpke«, sprach er ihn an. »Habt Ihr in Rehsen meinen Enkel Franz gesehen? Er ist gestern abend nicht nach Hause gekommen. Und nun wollte ich schauen, ob er vielleicht bei seiner Mutter ist.«

Doch der Förster bedauerte, er hatte den Jungen nicht gesehen. Strömer berichtete nun dem Forstmann seine Sorgen. Der hörte kopfschüttelnd zu und sagte dann: »Lieber Freund, in Rehsen ist der Junge gewiß nicht. Denn als ich vor einer guten Stunde an der Wohnung Eurer Tochter vorüberkam und sie mich erblickte, trug sie mir Grüße an ihn auf für den Fall, daß ich ihn auf dem Drehberg träfe.«

Der Tischler fuhr sich ratlos durch die weißen Haare. »Wo mag der Junge nur stecken? Ich kann mir nicht vorstellen, daß er davongelaufen ist. Ihm muß etwas zugestoßen sein! Ich werde in den Park gehen und ihn suchen«, sagte er niedergeschlagen.

»Einen Moment, mein Lieber!« erwiderte darauf der Förster und faßte den Alten, der davonstürzen wollte, beim Arm. »Das hat doch keinen Sinn. Ihr müßtet schon großes Glück haben, wenn Ihr allein in dem weiten Gelände den Jungen finden würdet. Vorausgesetzt, daß er dort ist. – Kann er eigentlich schwimmen?«

»Ausgezeichnet«, beteuerte Strömer.

»Hm«, brummte Wöpke. »Somit brauchen wir ihn nicht im Wasser zu suchen. Ernst freilich ist die Sache dennoch. Ich werde mit Schoch sprechen, daß er den Park von seinen Leuten durchkämmen läßt. Schon möglich, daß der Bengel irgendwo in 'ner Klemme sitzt. Ist er in den Anlagen nicht aufzufinden, sehen wir weiter. Ihr aber solltet erst mal seine Mutter unterrichten.«

Der Tischler drückte dem Förster die Hand. »Ich danke Euch. Euer Vorschlag ist vernünftig. Gebe Gott, daß wir den Jungen lebend wiederfinden.« Mit diesen Worten machte sich der rüstige Alte auf den Weg nach Rehsen.

Der Förster indes begab sich zur Wohnung des Hofgärtners. Dort erfuhr er, daß dieser bereits auf dem Drehberg sei, und so wanderte er ebenfalls dahin, wie er es ja auch ursprünglich vorgehabt hatte.

Die Allee nach dem Festplatz war noch von vielen Menschen bevölkert, und der Förster wurde immer wieder freundlich gegrüßt. Manch alter Bekannter sprach ihn auch an, doch der Graubart war jetzt nicht aufgelegt zu harmlosen Schwätzchen, und er sah zu, daß er rasch weiterkam. Nur einmal hielt er kurz inne, nämlich als er die alte Hanne, des Tischlers Schwester, erblickte. Er fragte sie, ob sie inzwischen etwas über Franzens Verbleib erfahren habe, doch sie verneinte mißmutig und sagte, sie hoffe ihn jetzt auf dem Drehberg zu finden.

Franz jedoch erwachte grade erst in seinem abgeschiedenen Gefängnis. Einen Augenblick lang wunderte er sich, daß er sich nicht in seinem Bett befand. Dann aber erinnerte er sich daran, daß er ja in dem Felsenzimmer eingeschlossen war. Er sprang von seinem harten Nachtlager auf und öffnete die Fenster seines hochgelegenen Schlafgemachs.

Draußen lachte ihm ein herrlicher Morgen entgegen. Park und Au glänzten im Sonnenlicht, kein Wölkchen bedeckte den strahlenden Himmel, und im Gras funkelten die Tautropfen, als seien dort unzählige Edelsteine verstreut.

Mit tiefen Zügen sog Franz die klare, nach spätem Heu duftende Luft ein und vergaß für einen Augenblick, in welcher widrigen Lage er sich befand. Alsbald jedoch wurde er sich wieder der Gefahr bewußt, die über der Stadt Wörlitz schwebte. Er prüfte erneut die Entfernung zum Boden. Ein Sprung hinab aber kam auch heute nicht in Betracht. Wer den wagte, mußte sich alle Glieder brechen.

Ratlos begann der Knabe abermals um Hilfe zu rufen. Doch noch immer zeigte sich weit und breit kein Mensch. Das wär auch ein Wunder, wenn jetzt einer käme, sagte er sich nach kurzer Zeit. Heut interessiert sich niemand für den Park, heut zieht es alle zum Drehberg. Und im Geist sah er das verlassen daliegende Städtchen und den Brandstifter, wie er unbeobachtet und ungehindert das Feuer legte.

Franz wurde immer unruhiger. Hatte der Mann

sein Verbrechen vielleicht schon ausgeführt? Vielleicht lag bereits die halbe Stadt – und mit ihr das Haus des Großvaters – in Schutt und Asche ... Die Phantasie stellte dem Jungen schreckliche Bilder vor Augen. Ich muß hier raus, sagte er sich entschlossen, koste es, was es wolle.

Weit aus dem Fenster gebeugt, betrachtete er noch mal die Felswand unter sich. Vielleicht konnte er doch mit einigem Glück und Geschick an den großen Quadern, aus denen die Klippe aufgetürmt war, hinabklettern. Die Hauptschwierigkeit bestand darin, die glatte, vorspringende Außenmauer des Gemachs zu überwinden. Ein Seil müßte man haben, dachte Franz, einen festen, dikken Strick! Und er sah sich suchend im Zimmer um. Da fiel sein Blick auf die Vorhänge und Gardinen. Ohne Umschweife nahm er den leinenen Fensterschmuck ab, drehte ihn zu behelfsmäßigen Seilen zusammen und verknüpfte diese durch straffe Knoten. Dann befestigte er das eine Ende dieses Stricks am mittleren der drei Fenster. Das andere pendelte in etwa fünfzehn Fuß Höhe frei über dem Boden. Von dort kann ich im Notfall springen, sagte sich Franz noch ganz erregt über seinen glücklichen Einfall. Beherzt stieg er auf das Fensterbrett, ergriff das selbstgefertigte Seil und ließ sich langsam daran abwärts gleiten.

Als er die vorstehende glatte Wand des Zimmers über sich zurückgelassen hatte und nunmehr frei über der Tiefe schwebte, bemerkte er dicht neben sich im Felsen ein Fenster, das groß genug war, ihn aufzunehmen. Mit etwas Schwung erreichte er die Öffnung und fand mit den Füßen darin Halt. Nun war es keine Kunst mehr, ganz in das Loch hineinzuschlüpfen, das als Lichtöffnung für eine Treppe diente. Der Junge eilte die Stufen hinab und stand nach wenigen Sekunden auf dem Rasen.

Nur kurz schaute er noch einmal hinauf zu dem Gemach, das, obwohl von der Parkseite her nicht wahrzunehmen, wie ein Schlößchen den Fels krönte.

Nun galt es, so schnell wie möglich in die Stadt zu kommen, um die Bewohner vor dem geplanten Anschlag zu warnen. Vielleicht konnte er das Unheil noch verhindern...

Auf seinem Weg durch den Park begegnete der Junge keinem Menschen, und auch das Städtchen war wie ausgestorben.

Franz eilte zunächst zur Wohnung seines Großvaters. Doch die Tür war verschlossen, und so sehr er auch klopfte und rief, nichts rührte sich. Gewiß suchen sie mich, dachte Franz und überlegte, wohin er sich nun wenden könnte. Da er ja erst seit kurzem in Wörlitz wohnte, kannte er nur wenige Leute.

Er klopfte an die Türen mehrerer Nachbarhäuser, doch ebenfalls vergebens. Dann aber erblickte er eine uralte Frau, die aus dem Fenster einer etwas entfernter stehenden Kate schaute. Franz fragte sie nach seinem Großvater, doch sie verstand ihn nicht. So lief er weiter. Er kam an dem mit Girlanden geschmückten Rathaus vorbei, aber auch hier schien keine Seele anwesend. Die

Tür war verschlossen, und auf sein Klopfen hin zeigte sich niemand.

Was Beine hat und laufen kann, sagte sich Franz, wird also auf dem Drehberg sein. Ich muß so rasch wie möglich zum Festplatz. Den Weg dahin kannte er. Vom Gasthof »Eichenkranz« führte eine Pappelallee zu dem eine halbe Wegstunde vor Wörlitz gelegenen Ort. Franz nahm seine Beine in die Hand und lief, wie er noch nie in seinem Leben gelaufen war. Noch hatte er in der Stadt nichts von einem Brand bemerkt, aber konnte der nicht jeden Augenblick ausbrechen? Besorgt sah sich der Junge von Zeit zu Zeit um, ob nicht mittlerweile irgendwo über den Dächern des Ortes Rauch und Flammen aufstiegen. Doch still und friedlich lag das Städtchen in der Sonne, nicht einmal der Rauch eines Schornsteins kräuselte sich gegen den Himmel.

Je näher Franz seinem Ziel kam, desto schwerer fiel es ihm, das Tempo durchzuhalten. Er keuchte und bekam weiche Knie und kaum noch Luft. Ihm war, als müßte er jeden Augenblick umfallen. Aber der Gedanke, daß er mit seiner Warnung zu spät kommen könnte, trieb ihn unerbittlich vorwärts.

Als Förster Wöpke auf dem Festplatz anlangte, fand er den Gärtner Schoch, den er Franz Lindigs wegen sprechen wollte, im Gespräch mit dem Fürsten und ein paar auswärtigen Gästen. Er näherte sich der Gruppe, trat aber nicht hinzu, sondern wartete auf einen günstigen Moment, wo er den Gärtner unauffällig beiseite nehmen konnte.

Das Fest, das stets mit sportlichen Wettkämpfen begann, war schon eine Weile im Gange. Soeben hatten die Knaben ihre Läufe beendet, und nun wartete man auf das beliebte Pferderennen. Obwohl noch kein Bier ausgeschenkt worden war – das gab es erst nach Abschluß der Wettkämpfe –, befanden sich die Menschen in freudigster Stimmung. Sie feierten das Wiedersehen mit Verwandten und Freunden aus den Nachbardörfern, diskutierten über die bisher erbrachten sportlichen Leistungen und spekulierten über den Ausgang des bevorstehenden Pferderennens.

Inzwischen hatte Schoch den Förster erblickt. Als dieser die Augen des Gärtners auf sich gerichtet sah, gab er ihm durch Zeichen zu verstehen, daß er mit ihm zu reden habe. Schoch trat zu ihm, und Wöpke berichtete, was er von dem alten Tischlermeister gehört und diesem versprochen hatte. Daraufhin schlug der Hofgärtner vor, noch bis zum Mittag auf den Jungen zu warten. Falls dieser sich bis dahin nicht eingefunden hätte, würde er den Park und dessen Umgebung absuchen lassen.

Mehr konnte der Förster nicht verlangen, und halbwegs beruhigt begab er sich zu jener Stelle des Festplatzes, an der die jungen Männer ihre Rosse versammelt hatten und sich auf das Rennen vorbereiteten. Dabei geriet er zufällig neben Wiepert, der eine so bekümmerte Miene machte, daß der gutmütige Graubart ihn mitleidig ansprach.

»Nun, Wiepert«, sagte er und legte dem Parkhüter, der ihn mit unruhigen Augen anblickte, die

Hand auf die Schulter, »was habt Ihr denn für Kummer? Ihr macht ja ein Gesicht, als befändet Ihr Euch auf einem Begräbnis!«

Der Angeredete zuckte bei der Berührung zusammen. Dann stammelte er: »Ich ... habe Schmerzen. Wahrscheinlich ... eine Kolik.«

Na, jemand, dem etwas weh tut, dachte der Förster, treibt sich nicht auf einem Volksfest umher, sondern hütet sein Bett. Zu Wiepert aber sagte er: »Habt Ihr denn schon was dagegen unternommen? Ihr solltet Euch bei Olberg melden, der dort beim Fürsten steht. Er wird Euch gerne helfen.«

Dr. Olberg war der Leibarzt des Fürsten Franz und nahm wie sein Dienstherr an jedem dieser Drehbergfeste teil. So war bei Unfällen – wenn etwa jemand beim Pferderennen stürzte – sogleich ärztliche Hilfe zur Stelle.

Wiepert freilich konnte jetzt kein Arzt helfen. Er schüttelte auch nur den Kopf und erwiderte dem fürsorglichen Förster: »Danke für Euer Mitgefühl. Doch die Beschwerden haben schon ein wenig nachgelassen.« Und er bemühte sich, eine unbeschwertere Miene zu machen.

»Hm«, brummte Wöpke, »wie Ihr meint. Da wünsch ich Euch bald gänzliche Genesung.« Und er ließ den Parkhüter wieder mit sich allein.

Der atmete auf. Er hatte das Gefühl gehabt, als ob der Förster ihn durchschaute.

Wöpke indes verschwendete angesichts der schönen, wohlgepflegten Pferde, die für das Rennen eifrig trainiert worden waren, keinen Gedanken weiter an den ihm letztlich gleichgültigen

Mann. Er stand noch nicht lange bei den Pferden, da gewahrte er in seiner Nähe einen kleinen Menschenauflauf. Neugierig trat er hinzu. Als er die Ursache des Auflaufs zu Gesicht bekam, entfuhr ihm ein Ausruf des Erstaunens. Es war der vermißte Enkel des Tischlers Strömer, Franz Lindig!

»Franz!« rief Wöpke. »Du Lausebengel! Wo zum Donnerwetter hast du gesteckt?«

Der sah den Förster mit großen Augen an und bewegte die Lippen. Doch ehe er einen Laut herausbrachte, wurde er aschfahl im Gesicht, verlor das Bewußtsein und sank zu Boden.

»Potztausend, was ist los mit dem Jungen?« fragte der Graubart verdutzt die Umstehenden. Ein Gewirr von vielen Stimmen antwortete ihm, so daß er kein Wort verstand und fluchend Ruhe gebot. Dann forderte er einen älteren Bauern zu sprechen auf.

»Tja«, versetzte dieser und kratzte sich verlegen am Kopf, »was soll man davon halten? Der Bursche kam schwitzend und keuchend dahergestürmt und rief uns allerlei verworrenes Zeug zu. Von einem Feuer sprach er und von Männern, die dieses legen wollten. Und auch davon, daß es sehr eilig wäre, sonst stände bald die halbe Stadt in Flammen ... Vermutlich hat er Wörlitz gemeint. Aber – das ist doch Unsinn. Wer käme denn auf den Gedanken, dort Feuer zu legen? Und schau selbst, Wöpke, es ist nicht das kleinste Rauchwölkchen über dem Ort zu sehen! Ich denke mir, der Bengel ist krank, hat sich auf dem Weg hierher überanstrengt und phantasiert.«

Der Förster blickte in die Richtung, in der Wörlitz lag. Der Bauer hatte recht, der Himmel über dem Städtchen strahlte in ungetrübtem Blau. Dennoch wurde der Alte ernst.

»Ich kenne den Jungen«, sagte er. »Er ist recht aufgeweckt, und es könnte etwas dran sein an dem, was er da von sich gegeben hat. Er hat sich gewiß nicht ohne Grund so abgehetzt. Vermutlich ist er vor Erschöpfung in Ohnmacht gefallen. Wir brauchen Wasser und den Arzt!«

Das Wasser war schnell zur Hand, und der Förster goß Franz einen tüchtigen Schwall ins Gesicht. Der Junge öffnete die Augen und schaute verwundert auf die Menschen, die ihn umstanden. Dann aber kam ihm die Erinnerung, und er rief: »Ihr seid ja noch alle da! Habt ihr denn nicht gehört? Zwei Männer haben einen Brandanschlag in Wörlitz geplant! Man muß ihn unbedingt verhindern!«

Er war aufgesprungen und schaute mit flehendem Blick den Förster an: »Bitte, Herr Wöpke, Ihr müßt mir glauben!«

»Ich glaube dir ja, mein Junge«, versetzte der Graubart begütigend. »Aber sag mir erst, ob du dich besser fühlst.«

Franz faßte sich an den Kopf: »Mir ist nur übel, weil ich seit gestern mittag nichts gegessen habe. Und von dem schnellen Laufen. Doch wenn Ihr nicht bald etwas unternehmt, hab ich umsonst mein Letztes hergegeben.«

»Also dann sprich! Wer will in Wörlitz Feuer legen? Und woher weißt du das?«

Hastig erzählte Franz, was er am vergangenen Nachmittag in dem Felsgemach gehört hatte und warum es ihm nicht möglich gewesen war, dieses eher zu melden. Die Leute, die noch immer um ihn herumstanden, hörten staunend und kopfschüttelnd zu. Kaum war der Junge mit seinem Bericht zu Ende, hob ein gewaltiges Lärmen an. Jedermann hatte etwas dazu zu sagen. Einige Frauen begannen zu jammern, die Männer fluchten und stellten laut Überlegungen an, wer wohl die möglichen Brandstifter sein könnten. Vergessen waren Fest und Pferderennen, und ein paar besonders Ängstliche machten sich unverzüglich nach Wörlitz auf, um ihre Häuser zu bewachen. Der Förster aber nahm Franz Lindig beim Arm und begab sich mit ihm und dem Arzt, der inzwischen herbeigekommen war, zum Fürsten.

Als dieser den Förster und den Doktor mit dem immer noch wachsbleichen Knaben auf sich zutreten sah, stutzte er und sagte: »Nanu, wen bringt ihr mir denn da? Das ist doch unser pflichtbewußter junger Gärtner? Was ist mit ihm? Ist er krank? Oder hat er etwas ausgefressen?«

Franz war puterrot geworden. Der Mann, den er gestern im Park zurechtgewiesen, sogar verdächtig gefunden hatte, war also der Fürst! Am liebsten wäre er jetzt im Erdboden versunken.

Der Förster, an den Fürst Franz die letzten beiden Fragen gerichtet hatte, erwiderte: »Er ist nur ein bißchen angegriffen, Durchlaucht. Er hat Ihnen etwas zu erzählen, und ich bitte Sie sehr, ihn anzuhören.«

»Nun, nun«, antwortete der Fürst, der heute in seiner prächtigen Paradeuniform unter seinen Begleitern deutlich hervorstach, »muß es denn gleich sein? Wollen wir nicht erst das Startzeichen für das Rennen geben?«

»Gott straf mich, Durchlaucht, nein, es eilt«, erwiderte darauf der Förster. Und zu Franz, der neben ihm stand, sagte er: »Nun red schon, Junge, brauchst dich nicht zu fürchten! Erzähle nur freiweg, was du erlebt hast!«

Und zur Ermunterung versetzte er ihm einen sanften Rippenstoß. Da berichtete Franz nochmals kurz, was er in dem Gemach erfahren hatte, und der Fürst hörte stirnrunzelnd zu. Als der Junge geendet hatte, sagte er: »Gut, Wöpke, du hast recht getan, den Knaben zu mir zu bringen. Es klingt zwar unglaublich, was er erzählt, doch denke ich, wir sollten es ihm abnehmen. Ich hätte nicht vermutet, daß es unter meinen Wörlitzern solche Halunken gibt. Wir werden sie finden! Jetzt freilich gilt es erst einmal, sie an ihrem frevelhaften Vorhaben zu hindern.«

In diesem Augenblick unterbrach ihn eine laute Stimme, die aufgeregt: »Feuer!« und »Es brennt in Wörlitz!« rief. Und sogleich wiederholten es entsetzt vielhundert Kehlen: »Feuer! Es brennt! Es brennt in Wörlitz!«

Bald konnte jeder die dicken, dunklen Rauchschwaden sehen, die über dem Städtchen aufstiegen.

Da rief der Fürst mit seiner starken Stimme den wartenden Reitern zu: »Das Rennen wird heute in Wörlitz entschieden! Der, welcher zuerst an der Brandstelle ist, erhält den Preis!«

Kaum hatte er diese Worte ausgerufen, sprengten die jungen Männer wie die Wilde Jagd auf ihren Rossen davon.

Wenig später wurde dem Fürst sein Pferd gebracht, und mit einem kurzen Wort der Entschuldigung an seine Gäste schwang sich der bald sechzigjährige Regent behende in den Sattel und jagte den anderen Reitern nach.

4. Kapitel
Feuersnot

Keine zehn Minuten waren nach dem Aufbruch vom Drehberg verstrichen, als die ersten Reiter durch das große Tor ins Städtchen galoppierten. Sie bogen um die nächst gelegene Straßenecke und jagten am Rathaus vorbei durch die Mittelstraße. In der Förstergasse hatte das Feuer bereits mehrere Fachwerkhäuschen erfaßt.

»Bei Bielmann brennt's!«
»Und bei Wiepert!«
»Auch Huths Haus hat es erwischt!«
»Und Fischers!«

In einiger Entfernung von den brennenden Gebäuden sprangen die jungen Männer von ihren ängstlich schnaubenden Pferden und drangen sogleich in die umliegenden Gehöfte ein, um sich mit Eimern zu versehen. Ein paar liefen nach Leitern und der unlängst angeschafften Wasserspritze. Wieder andere versuchten das Vieh zu retten.

An sich war durch eine vom Fürsten erlassene Verordnung der Feuerlöschdienst im Dessauer Ländchen sorgfältig geregelt. Alle Männer,

wohnten sie nun auf dem Dorfe oder in der Stadt, wußten genau, was sie beim Ausbruch eines Brandes zu tun hatten. Die einen waren für das Herbeischaffen von Wasser verantwortlich, andere zur Bedienung der Spritzen eingeteilt. Das Wasser entnahm man den Brunnen sowie großen Kübeln, die für den Notfall überall bereitstanden und stets gefüllt sein mußten. Einige hatten lange Eisenhaken oder Leitern mitzubringen, und wer wie die Zimmerleute oder Tischler dergleichen besaß, große Beile und Äxte.

Diese Ordnung hatte sich schon viele Male bewährt, denn so konnte ohne langes Bedenken und Besinnen wirksame Hilfe bei den Bränden geleistet werden.

Heute freilich ging zunächst manches durcheinander, da die meisten der mit ihren Aufgaben vertrauten Männer sich noch auf dem Drehberg befanden und vielen der Burschen, die auf ihren Pferden herbeigeeilt waren, die nötige Umsicht und Erfahrung fehlte.

So griff das Feuer schnell um sich. Die aus Holz und Lehm errichteten Häuser boten ihm vorzügliche Nahrung, zumal die Dachböden prall mit Brennbarem gefüllt waren. Hoch loderten die Flammen gen Himmel, und noch höher stoben die Funken. Nur der Umstand, daß an diesem Tag kein Lüftchen wehte, verhinderte, daß der Brand auf die weiter entfernt gelegenen Gebäude übersprang. Die Häuser aber, welche das Feuer bei Ankunft der Reiter schon erfaßt hatte, waren nicht mehr zu retten. Glut und Hitze ließen es kaum zu, nahe genug an sie heranzukommen, um die Flammen einzudämmen oder gar zu löschen.

Ein paar alte Frauen und Männer, denen der Weg zum Festplatz zu weit gewesen war, standen jammernd in sicherer Entfernung, während die jungen Leute sich weidlich abmühten.

Da ertönte abermals eiliger Hufschlag. Es war der Fürst, der die Gasse heruntergesprengt kam. Bei seinem Anblick erhellten sich die Mienen der Umstehenden, und die jungen Männer, die bislang vergeblich versucht hatten, dem Feuer Einhalt zu gebieten, atmeten auf. Der Fürst galt als erfahren bei der Brandbekämpfung, und wo immer er an einer Brandstelle erschien, schöpften die Löschmannschaften neuen Mut.

Schon aus dem Sattel heraus erfaßte er die Lage und rief den Männern, die unermüdlich, aber erfolglos mit ihren Eimern und der Wasserspritze gegen die Flammen angingen, gebieterisch zu: »Haltet ein! Greift zu den Äxten und Hacken! Schlagt Schneisen rechts und links vom Brand in die Häuserzeile! Nun los, reißt die Häuser ein, verdammt noch mal! Wir haben keine andere Wahl. Was brennt, ist sowieso verloren.« Er sprang vom Pferd und rief den Umstehenden zu: »Rasch, holt noch mehr Leitern und Eisenstangen!«

Eine alte Frau, die in einem der Zeilenhäuser wohnte, die niedergerissen werden sollten, warf sich vor dem Fürsten auf die Knie. »Bitte, Durchlaucht«, rief sie schluchzend, »nicht unser Haus! Habt Erbarmen! Alle meine Kinder habe ich darin geboren!«

Der Landesherr schaute auf die Alte, die ihm flehend die gefalteten Hände entgegenstreckte. Dann sah er wieder in das Flammenmeer und schüttelte den Kopf.

»Euer Haus ist so und so verloren«, sagte er. »Wenn wir es nicht zerstören, tut's das Feuer. Geht und seht zu, was Ihr noch herausschaffen könnt! Und faßt Euch – was Ihr nicht rettet, ersetze ich Euch.«

Unterdessen fanden sich immer mehr Anwohner ein, die zu Fuß oder mit dem Wagen vom Drehberg zurückgeeilt waren. Die Männer übernahmen ohne Umschweife die Aufgaben, für die sie eingeteilt waren. Die Frauen und Halbwüchsigen halfen beim Wasserholen. Man beschränkte sich jetzt darauf, die der Brandstätte am nächsten gelegenen Gebäude zu schützen. Auch die Häuser, die man einzureißen begonnen hatte, durften nicht brennen.

Förster Wöpke war mit seinem Schützling Franz Lindig inzwischen ebenfalls am Unglücksort eingetroffen. Franz fiel ein Stein vom Herzen, als er das Haus seines Großvaters unversehrt und ungefährdet vorfand. Doch es bedrückte ihn, daß seine Warnung zu spät gekommen war, und er erklärte dem Förster, daß er wenigstens bei der Bekämpfung des Feuers helfen wolle.

»Fühlst du dich denn stark genug?« fragte Wöpke, dem der Junge immer noch ein wenig blaß erschien.

»Aber ja«, erwiderte Franz. »Mir geht es ausgezeichnet, seit ich etwas im Magen habe.«

Am liebsten hätte er sich an der Spritze betätigt. Da man ihn dort jedoch nicht brauchen konnte, beschloß er, sich den Wasserträgern anzuschließen. Als er sich nach einem Eimer umsah, erblickte er seinen Großvater. Der Tischler kam freudig auf ihn zu und rief: »Franz, mein Junge! Gottlob, daß du heil wieder da bist!«

Nach diesen Worten umarmte er Franz und drückte ihn mehrmals kräftig an seine Brust. Dann aber nahm er ihn beim Ohr, zog es ihm halb scherzhaft und halb ernsthaft lang und sagte: »Wo hast du eigentlich die ganze Zeit gesteckt? Hättest wenigstens Bescheid geben können!«

»Ihr tut dem Jungen unrecht, Strömer«, sagte da der Förster, der hinzugetreten war. »Euer Enkel ist ein wackerer Bursche. Er hat ein bißchen Pech gehabt, doch das hatte auch sein Gutes.«

Und er berichtete dem Tischler kurz, was Franz widerfahren war. Außer dem alten Strömer hörte dem Förster noch jemand sehr aufmerksam zu. Es war Wiepert, der auf dem Drehberg schon von Franz Lindigs Erlebnis gehört hatte und sich seitdem in dessen Nähe hielt, um genauer herauszubekommen, was der Junge wußte.

Was der Parkhüter jetzt erfuhr, gefiel ihm ganz und gar nicht! Der Bengel hatte tatsächlich sein Gespräch mit Bielmann in dem Gemach auf der Klippe belauscht. Ein bißchen erleichterte es ihn, daß weder er noch sein Schwager von dem Jungen erkannt worden waren. Folglich war noch nicht alles verloren. Wenn dieser Franz Lindig seine und Bielmanns Stimme nicht noch einmal hörte, würde nie jemand erfahren, wer sich da unterhalten hatte. Trotzdem war die Gefahr groß. Er mußte unbedingt mit Bielmann sprechen. Möglichst unauffällig zog er sich zurück und schlug den Weg zum nahen Park ein. Dort, in einem abgelegenen Winkel, wartete der Metzger bereits auf ihn, um sich über den Erfolg des Brandanschlages berichten zu lassen. Unruhig ließ Wiepert seine Blicke umherschweifen, ob auch niemand bemerkte, daß er davonschlich. Doch keiner beachtete ihn. Wer nicht an den Lösch- und Abbrucharbeiten beteiligt war, sah ihnen wenigstens teilnahmsvoll zu.

Fürst Franz, der ernsten Gesichts das noch immer heftig lodernde Flammenmeer und die Bemühungen der Wörlitzer, es einzudämmen, beobachtete, machte sich über die Entstehung dieses Großfeuers seine Gedanken. Bald jedoch wurde seine Aufmerksamkeit wieder ganz von den Vorgängen an der Brandstelle in Anspruch genommen.

Es ergaben sich dort nämlich Schwierigkeiten. Von einem der brennenden Häuser drohten Teile des Dachstuhls auf die Männer zu stürzen, die auf dem Nachbargrundstück mit den Abrißarbeiten beschäftigt waren. Schon fielen hier und da glühende Holzstücke herunter, und es war zu befürchten, daß bald ganze Balken folgen würden. Die Weiterarbeit wurde lebensgefährlich.

Einige Beherzte versuchten deshalb mit eisernen Stangen und langen Haken, das lodernde Gebälk in das brennende Haus hineinzustoßen – jedoch vergebens.

Da rief der alte Tischler Strömer, der die erfolglosen Bemühungen der Männer sah: »So geht das nicht! Die Balken kann man nicht nach innen stoßen, solange die Verstrebungen noch halten! Ihr müßt versuchen, sie zu euch nach außen herunterzuziehen!«

»Unmöglich!« rief der Bauer Fischer, dem das brennende Haus gehörte. »Dann kriegen wir ja erst recht alles auf den Kopf!«

»Fischer hat recht«, meinte Bäcker Seidig, »das ist zu riskant! Wir müssen die Arbeit hier einstellen und die Wände stehenlassen.«

»Damit das Feuer sich an ihnen weiterfrißt?« entgegnete Strömer. »Nee, Leute, ihr müßt dranbleiben, und das Gebälk muß runter! Wartet, ich mache mit!«

Unerschrocken trat der greise Tischlermeister näher und ließ sich einen der langen Eisenhaken geben, den er geschickt an einer ganz bestimmten Stelle des brennenden Balkenwerks ansetzte.

»Faßt an!« rief er. »Wir ziehen gemeinsam, und zwar ruckweise. Alles hört auf mein Kommando. Da passiert nichts. Nur aufgepaßt, wenn das Gebälk nachgibt. Dann weg nach hinten. Also los jetzt, faßt an!«

Keiner wollte vor dem alten Mann feige erscheinen. Kräftige Fäuste packten den Haken, und mit lautem »Hau ruck« ging man ans Werk.

Es zeigte sich, daß der Alte die Sache richtig angefaßt hatte. Bald begann das Balkenwerk spürbar nachzugeben, beim nächsten Zug schon konnte es herunterkommen.

»Achtung!« rief Strömer. »Aufgepaßt! Hau ruck!« Und: »Zurück!«

Da ließen die Männer den Haken fahren und sprangen zurück, heraus aus der Gefahrenzone. Und dort, wo sie soeben noch gestanden hatten, stürzte krachend das lodernde Gebälk zu Boden.

Der Tischler hatte wie die anderen den Haken losgelassen. Doch dann verlor er das Gleichgewicht, strauchelte, fiel hin und war im nächsten Augenblick unter dem brennenden Balkenwerk begraben. So schien es jedenfalls.

Außer von Franz Lindig, der seinen Großvater bei der gefährlichen Aktion nicht aus den Augen gelassen hatte, wurde der Unfall von niemand bemerkt. Alle hatten gespannt nach oben auf den brennenden Dachstuhl geschaut, keiner hatte auf die Männer an dem Haken geachtet.

»Großvater!« schrie der Junge entsetzt und wollte sich in das Gewirr der glühenden, qualmenden Balken stürzen. Wöpke gelang es eben noch, ihn am Kragen zurückzuhalten.

»Halt, Bürschchen!« sagte er. »Willst du in dein Verderben rennen? Was hast du dort zu suchen?«

»Um Gottes willen, Herr Wöpke«, rief Franz, »Großvater liegt unter den Balken! Man muß ihm helfen, sonst verbrennt er!«

Erschrocken sah der Förster den Jungen an. »Himmelherrgottsakrament! Schnell! Den Strömer hat es erwischt!«

Inzwischen war das mehreren bewußt geworden. Einige von denen, die den Haken betätigt hatten, schütteten sich Wasser über den Kopf, um sich vor der Hitze und den Flammen zu schützen. Dann sprangen sie zu den brennenden Trümmern, unter denen der Tischler lag. Dieser lebte und schien sogar unversehrt. Doch als die Männer ihn aufheben wollten, stellten sie fest, daß sein rechter Arm unter einem schweren, glimmenden Balken festgeklemmt war. Sie versuchten, ihn hervorzuziehen, es gelang aber nicht.

Der alte Mann stöhnte und schrie, als man ihn berührte. Hustend und prustend bemühten sich die Männer nun, den Balken, der auf dem Arm des Tischlers lag, mit Eisenstangen anzuheben – jedoch ohne Erfolg. Außer von dem eigenen Gewicht wurde das starke Kantholz noch von anderem Gebälk, mit welchem es verkeilt war, niedergedrückt. Ratlos schauten sich die mühsam atmenden Helfer an. Lange konnte der Verunglückte hier nicht liegenbleiben, ohne zu ersticken und zu verbrennen. Schon wurden seine Schmerzenslaute schwächer.

Da sagte eine resolute Stimme: »Schlagt den Arm ab! Es ist die einzige Möglichkeit, den Mann zu retten.«

Feuer und Rauch nicht achtend, war der Fürst herzugetreten. Entsetzt starrten die Männer auf ihren Landesvater. Einem lebenden Menschen den Arm abschlagen? Wer brachte das fertig?

»Ist denn keine Axt zur Hand?« rief Fürst Franz ungeduldig. »Oder wollt ihr, daß der Verletzte qualvoll stirbt?«

»Hier ist eine, Herr Fürst!«

Franz hatte sie einem der Umstehenden, der sie

unschlüssig in den Händen hielt, entrissen und hielt sie flehend seinem Dienst- und Landesherren hin.

»Bitte, rettet meinen Großvater!«

Fürst Franz schaute in die Runde, aber keiner der Männer rührte sich. Niemand hatte Mut, zuzuschlagen.

Wieder stöhnte der Verletzte und rief mit schwacher Stimme um Hilfe. Schon entschloß sich der Fürst, selber zu handeln – da ließ der Enkel des Verunglückten mit dem Mut der Verzweiflung das Eisen auf den Oberarm des Eingeklemmten niedersausen.

Der alte Mann schrie laut auf, dann fiel er in Ohnmacht. Der tapfere Retter aber wurde blaß und begann zu taumeln. Ihm wurde plötzlich unsäglich übel. Gleich mehrere hilfreiche Hände stützten ihn und führten ihn beiseite, während andere den blutüberströmten, bewußtlosen Tischler aufnahmen und aus dem Gefahrenbereich trugen. Fürst Franz persönlich legte mit Hand an beim Verbinden. Seinem Reitknecht jedoch gebot er, den Arzt herbeizuordern.

Um Franz, der sich übergeben hatte und nun still vor sich hin weinte, bemühte sich neben einigen Frauen Förster Wöpke.

Der Fürst rief ihn und sagte: »Wöpke, du kennst offenbar den Jungen ganz gut, bring ihn nach Hause. Der muß sich ja hundsmiserabel fühlen. Eine Schande, daß sich kein anderer gefunden hat, den Alten zu retten. Er hat uns alle beschämt.«

Der Förster nickte und ging schweigend zurück zu seinem Schützling, der auf einer Treppenstufe hockte und mit feuchten Augen ins Leere starrte. Wortlos ließ er sich von Wöpke, der ihn väterlich beim Arm nahm, zum Haus seines Großvaters führen.

Mittlerweile hatte man die Häuser, auf die das Feuer nicht übergreifen durfte, weitgehend niedergerissen. Damit war der Brand eingedämmt. Nur hier und da loderten noch größere Flammen zum Himmel. Doch immer fiel das Feuer in sich zusammen. Die Trümmer qualmten freilich noch lange, und noch Stunden nach der Katastrophe stand eine dicke Rauchwolke über dem Ort.

Als der Brand seine Kraft verloren hatte und die Gefahr für die Stadt gebannt schien, fand es Fürst Franz an der Zeit, nach den vermutlichen Verursachern des Unheils zu forschen. Er fragte, wer von den Reitern der erste an der Brandstätte gewesen sei.

»Schmidts Paul aus Griesen«, gab man ihm zur Antwort.

»Gut, er soll zu mir kommen!«

Wenige Augenblicke später stand der Betreffende vor ihm, die Kleider angesengt, das Gesicht rauchgeschwärzt.

»Du warst als erster hier?« fragte der Fürst.

»Jawohl, Durchlaucht, das stimmt. Doch die anderen kamen fast gleichzeitig mit mir hier an.«

»Schön, dennoch erhältst du den Preis. Jetzt aber sag: Als du in diese Gasse einbogst, sahst du da bereits alle vier Häuser brennen?«

»Ja, Durchlaucht, so war es.«

»Überlege genau! Der Brand ist doch sicher nicht an vier Stellen gleichzeitig ausgebrochen. Das Haus aber, von dem das Feuer ausgegangen ist, müßte bei eurer Ankunft am heftigsten gebrannt haben. Erinnere dich! Eigentlich kommen ja nur die beiden mittleren Häuser in Frage.«

Der junge Mann wiegte verlegen den Kopf.

»Verzeiht, Durchlaucht, ich war sehr aufgeregt … Die Dachstühle standen wirklich schon alle vier in Flammen. Aber Ihr habt recht, über denen der zwei mittleren Häuser schlugen die Flammen am höchsten. In diese Gehöfte kam auch keiner mehr rein. Aus den anderen wurde das Vieh noch gerettet.«

»Bielmanns und Wieperts Häuser waren es, die zuerst gebrannt haben, jawohl!« erklärte jetzt ein alter einbeiniger Invalide, der neugierig herbeigehinkt war und einen Teil des Gesprächs mit angehört hatte. Er war seiner Behinderung wegen nicht mit auf dem Festplatz, dafür aber sehr früh an der Brandstätte gewesen.

»Das stimmt!« riefen nun noch mehrere, die hinzugetreten waren.

»Na gut«, versetzte Fürst Franz, »da wollen wir einmal die beiden Hausbesitzer befragen. Schickt sie zu mir!«

Doch da war nur ein Kopfschütteln und Achselzucken. »Sie waren beim Löschen nicht dabei«, sagte der Invalide.

»Bielmann ist heut in aller Frühe mit Frau und Kindern weggefahren«, wußte eine Nachbarin.

»Aber Wiepert habe ich vorhin gesehen!« verkündete eine andere Frau.

»Ja, der war hier«, bestätigte eine dritte.

»Aber mit gelöscht hat er nicht«, stellte der Schmiedemeister Graul fest. Ihm oblag die Aufsicht über die Spritze und die eisernen Gerätschaften, die zur Brandbekämpfung benötigt wurden.

»Das ist wahr«, alle Umstehenden nickten und sahen sich verwundert an. Das war merkwürdig. Die Bewohner der Anwesen, in denen ein Brand ausbrach, gehörten sonst zu den eifrigsten Feuerwehrleuten...

Auch Fürst Franz fand es sonderbar, daß ausgerechnet die Eigentümer jener Häuser fehlten, von denen der Brand offensichtlich ausgegangen war. Gleich zwei der Betroffenen... Waren es nicht auch zwei Männer gewesen, die der Gärtnerbursche gestern belauscht hatte? Zwei, die sich recht gut kennen mußten, etwa wie Nachbarn? Und sich auch im Park auskannten... Und nun fiel dem Fürsten ein, daß er ja gestern selbst zwei Männern dort begegnet war und einen von ihnen sogar zu der Klippe geschickt hatte, um das Felsgemach abzuschließen. Wiepert! schoß es ihm durch den Kopf, natürlich! Er muß einer von denen sein, deren Stimmen der Junge im Versteck gehört hat. Und er – oder sein Nachbar – ist der Brandstifter! Der Fürst beschloß, die beiden Männer, sobald sie sich wieder eingefunden hätten, Franz gegenüberzustellen. Wenn dieser sie auch nicht gesehen hatte, so konnte er doch sicherlich ihre Stimmen identifizieren.

»Wenn Wiepert oder jener Bielmann auftauchen, sollen sie sofort zu mir gebracht werden!« befahl der Fürst. »Und die anderen Geschädigten stellen Listen auf über ihren Verlust. Was ersetzt werden kann, soll ersetzt werden.«

Nach diesen Worten winkte er, ihm sein Pferd vorzuführen. Er bestieg es, grüßte und galoppierte davon, um sich seinen Gästen zu widmen.

5. Kapitel
In Lebensgefahr

Während sich im Städtchen Wörlitz die Menschen bemühten, das von frevlerischer Hand gelegte Feuer einzudämmen, hastete Wiepert durch den verlassen daliegenden Park, um sich am verabredeten Ort mit seinem Schwager zu treffen und ihn über den neuesten Stand der Dinge zu unterrichten.

Immer wieder einmal blieb er stehen und schaute sich um, ob ihn jemand sah. Als er glaubte, auf einem Seitenweg Schritte zu vernehmen, verbarg er sich rasch in einem Gebüsch. Doch seine Sinne hatten ihn getäuscht. Niemand kam, denn an diesem Tag war ja alles, was laufen konnte, zum Drehberg gezogen. Selbst die Fremden, die sonst an Sonntagen in großer Zahl den Landschaftsgarten bevölkerten, hatten heute ausnahmslos den Festplatz zum Ausflugsziel erkoren. Die freilich waren es ja auch nicht, deren Begegnung der Parkhüter scheute. Nur von einem Wörlitzer wollte er jetzt auf keinen Fall gesehen werden. Aber niemand bemerkte ihn, während er sich nervös und eilig durch die weitläufigen Anlagen bewegte.

Er strebte dem äußersten Winkel des Parks zu, wo sich ein Gewässer befand, das vor Jahren nach einer Überschwemmungskatastrophe zurückgeblieben war. Dieses Gewässer, das man getrost als See bezeichnen konnte, umschloß mehrere Inseln. Sie waren zum Teil mit kleinen Bauwerken geschmückt, für den gewöhnlichen Besucher aber weder über eine Brücke noch mit einer Fähre zu erreichen.

Wiepert eilte auf die Stelle des Seeufers zu, die der größten, dicht mit jungen Weiden, Birken und Eichen bestandenen Insel am nächsten lag. Als er die Böschung erreicht hatte, schaute er sich wieder um. Doch weit und breit war keine Menschenseele zu erblicken – nur ein einsamer Schwan kam mit gespreiztem Gefieder dahergeschwommen und beäugte ihn mit geneigtem Kopfe. Wiepert ließ nun einen leisen Pfiff ertönen, worauf von der Insel her mit ebensolchem geantwortet wurde. Da zog er seine Schuhe aus, krempelte die Hosenbeine hoch und stieg in das Wasser, das ihm nur wenig über die Knie reichte. Rasch und mühelos gelangte er zu der Insel hinüber. Hier sah sich der Parkhüter abermals um, und als er festgestellt hatte, daß ihn noch immer niemand beobachtete, schritt er auf eine aus Granitblöcken errichtete Grotte zu, deren Eingang auf der Seeseite der Insel gelegen war.

Bei seinem Eintritt in das eher lauben- als höhlenartige, an einen kleinen Hügel angelehnte Bauwerk kam ihm der Metzger grinsend entgegen.

»Na, Schwager«, sagte er und wies mit der

Hand in Richtung des Städtchens, wo sich eine gewaltige schwarze Rauchwolke am Himmel abzeichnete, »ist das nicht ein schönes Feuerchen? Hat die biederen Wörlitzer gewiß tüchtig erschreckt. Na, schadet nichts. Hauptsache, ich komme bald zu meinem Geld. Aber warum sagst du nichts? Was hast du? Es ist doch alles gutgegangen, oder –?«

Hart packte er den Ankömmling bei den Schultern und rüttelte ihn. Der aber schüttelte den Kopf.

Bielmanns Gesicht wurde plötzlich ernst, ja böse.

»Was bedeutet dieses Kopfschütteln?« schrie er seinen Schwager an. »Hast du keinen Mund? So sprich doch endlich!«

Wiepert setzte sich auf einen der steinernen Sitze an der Grottenwand, blickte auf seine Hände und sagte betreten: »Balthasar, wir sind verraten.«

Der Metzger riß die Augen auf und rief: »Was sagst du da? Verraten? – Unmöglich! Außer uns beiden hat niemand etwas von dem Plan gewußt, und ich bin auch sicher, daß man mich vorhin im Ort nicht gesehen hat. Du hast doch nicht etwa –?«

»Nein«, erwiderte Wiepert, »ich habe nicht geplaudert. Aber man hat uns belauscht.«

»Belauscht? Wann denn und wo?«

»Gestern in dem Zimmer auf der Klippe.«

»Dort? Wieso? Da ist doch außer uns keiner drin gewesen.«

»Offenbar aber doch. Neben der Tür, die ich abschließen sollte, ist eine Nische in der Wand. Und in dieser Nische hat er gesteckt.«
»Wer?«
»Ein Junge, ein Gärtnerlehrling. Der Enkel vom alten Strömer. Er wohnt und arbeitet erst seit kurzem in Wörlitz.«
»Was hat er gehört?«
»Genau weiß ich das nicht. Aber es reicht, um uns zu verdächtigen.«
»Verdammter Mist! Wurden denn unsere Namen genannt?«
»Nein. Der Junge hat uns nicht gesehen, das ist gewiß. Wöpke beklagte das ausdrücklich.«
»Dann ist noch nicht alles verloren. Erzähl mir, was du weißt. Danach wollen wir überlegen, was zu tun ist.«
Der Metzger war mehr erschrocken, als er sich anmerken ließ. Doch um zu verhindern, daß sein wankelmütiger, ängstlicher Schwager die Nerven verlor und sich vielleicht gar zu unbedachten Schritten hinreißen ließ, bemühte er sich, ruhig zu erscheinen und seiner Stimme einen gleichmütigen Klang zu geben.
Wiepert begann nun zu berichten, was er von dem Gespräch zwischen Wöpke und dem Tischler Strömer mitbekommen hatte. Dabei wischte er sich mehrmals den Schweiß von der Stirn.
Bielmann hörte finsteren Gesichts zu, seinen Schwager hin und wieder ungeduldig unterbrechend. Als dieser geendet hatte, schwieg er eine Weile und dachte nach.

»Es steht also fest, daß der Junge uns nicht gesehen hat …«, sagte er sinnend.

»Ich denke schon«, versetzte Wiepert.

»Hm. Dann kann uns niemand etwas beweisen. Selbst wenn der Fürst sich erinnert, daß er dich zu der Klippe geschickt hat – es können ja vor dir andere dort gewesen sein. Gefährlich wird es nur, wenn der Bengel unsere Stimmen wiedererkennt. Das müssen wir unbedingt verhindern.«

»Aber wie? Was können wir dagegen tun, daß man uns ihm gegenüberstellt?«

Der Metzger schien eine Idee zu haben. »Du sagst, man hat in Betracht gezogen, daß der Bursche ausgebüxt sein könnte, weil er letzte Nacht nicht nach Hause kam?« fragte er.

»Ja, ich hab gehört, wie sein Großvater so etwas äußerte.«

»Na bestens. Wem man es einmal zutraut fortzulaufen, dem traut man es auch wieder zu. Der Bengel wird erneut verschwinden.«

Wiepert sah Bielmann fragend an. »Wie meinst du das? Du kannst ihn doch nicht ewig einsperren!«

»In dem Zustand schon, in dem er sich dann befindet.«

Jetzt erst verstand Wiepert den Metzger und rief entsetzt: »Du willst ihn umbringen?«

»Nenn's, wie du willst«, versetzte Bielmann kalt. »Der Junge muß auf alle Fälle aus dem Wege. Wenn er uns erkennt, sind nicht nur unsere Häuser umsonst niedergebrannt, sondern wir kommen auch noch in Teufels Küche.«

Wiepert schüttelte energisch den Kopf. »Das kannst du nicht machen!« sagte er fast beschwörend. »Das Feuerlegen war schon schlimm genug. Immerhin brennen nicht nur unsere Häuser, sondern auch die unserer Nachbarn.«

»Um so besser!« warf der Metzger ein. »Um so mehr Verdächtige gibt's!«

»Und nun willst du gar noch ein Kind ermorden?« fuhr der Parkhüter unbeirrt fort. »Nie und nimmer mache ich dabei mit. Ich will nicht an einer Bluttat mitschuldig werden. Lieber gestehe ich alles ein und nehme die Folgen auf mich.«

»So?« sagte Bielmann grimmig. »Und was wird aus mir? Dir kann nicht allzuviel passieren, wenn die Sache ans Licht kommt. Du hast ja den Brand nicht gelegt. Dir kann man nur vorwerfen, daß du von dem Vorhaben gewußt hast, ohne es anzuzeigen. Und da wir verwandt sind, würde dir das sicherlich nicht so schwer angerechnet. Anders aber steht es mit mir! Wenn mir die Brandstiftung nachgewiesen wird, kann ich den Rest meines Lebens im Kerker verbringen. Und meine Schulden bestehen nach wie vor. Was würde dann aus deiner Schwester und ihren Kindern? Auch ihr Leben wäre ruiniert. Nee, mein Lieber, ich bin nicht bereit, all das in Kauf zu nehmen, nur aus Rücksicht auf 'nen hergelaufenen Lausejungen. Warum belauscht er die Gespräche anderer Leute! Er hat sich nun die Folgen selbst zuzuschreiben.«

Wiepert war aufgesprungen und schritt erregt in der Grotte auf und ab. »Nein, nein!« rief er. »Du darfst ihn nicht töten! Wie willst du mit einer solchen Blutschuld auf dem Gewissen weiterleben? Balthasar, ich bitte dich inständig, laß ab von dem Gedanken! Wenn wir reumütig gestehen, werden wir gewiß mit einer erträglichen Strafe davonkommen.«

»Wir? Ha!« entgegnete der Metzger. »Du vielleicht, aber nicht ich. Mich wird man ganz bestimmt nicht mit Nachsicht behandeln. Schon gar nicht, wenn man, was dann wahrscheinlich ist, von meinen früheren Zwistigkeiten mit der Obrigkeit erfährt. Doch das sage ich dir, Wiepert« – und bei diesen Worten trat er dicht an seinen Schwager heran und sah ihm drohend ins Gesicht –, »ehe ich mich einsperren lasse, bringe ich mich lieber um! Und meine Frau, deine Schwester, und die Kinder gleich mit. Und wenn du mich verrätst, auch dich!«

Der Parkhüter zuckte zusammen. Er traute dem Metzger zu, diese Drohungen wahr zu machen. Ratlos setzte er sich wieder auf eine der steinernen Bänke und sah stumm vor sich auf den Boden.

Nach einer Weile sagte er leise: »Du kannst beruhigt sein. Ich werde nicht zum Richter oder gar zum Fürsten gehen. Aber ich ersuche dich noch einmal, zu bedenken, ob es wirklich Sinn hat, den Jungen zu beseitigen. Dein Plan ist bereits so gut wie mißglückt. Wie die Dinge liegen, hat man uns auf jeden Fall in Verdacht –«

»Bah«, unterbrach ihn Bielmann, »die Phantasien eines Kindes! Und keine Namen, keine Beweise!«

»Das stimmt, und dennoch: Die Versicherungssumme, das Geld aus der Brandkasse, wird man weder dir noch mir vorläufig aushändigen. Du wirst deine Gläubiger also nicht zufriedenstellen können und ihren Drohungen weiterhin ausgesetzt sein.«

»Das macht mir jetzt weniger Sorge. Alle Welt weiß ja inzwischen, daß ich abgebrannt bin. Da wird man mir gewiß eine neue Frist gewähren.«

»Mag sein. Doch überleg noch einmal reiflich, ob der Tod des Gärtnerburschen dir tatsächlich etwas nützt! Wir sind und bleiben verdächtig. Stellt man uns erst vor Gericht –«

»Dazu wird es nicht kommen. Immerhin bist du zu der Zeit, als der Brand ausbrach, auf dem Drehberg gewesen, wo dich hoffentlich viele Leute gesehen haben. Und ich bin heute morgen vor aller Augen abgereist. Mein alter Freund drüben in Sachsen würde vor jedermann bezeugen, daß ich den ganzen Tag bei ihm gewesen bin. Ich werde mich auch gleich wieder aufmachen, um mich dort noch mit ihm zusammen in einem Wirtshaus zu zeigen. Meine Frau weiß natürlich nicht, daß ich hier bin, und wenn ich übermorgen mit ihr zurückkomme, werd ich ebenso betroffen sein wie sie, wenn wir unser Haus nicht mehr vorfinden. Morgen jedoch werd ich nochmals heimlich wiederkehren und mich um den Jungen kümmern. Ich weiß schon, wie ich's anstelle, damit man ihn nicht findet. – Wir haben also beide ein Alibi, und wenn dieser Bursche aus dem Wege ist, kann uns niemand etwas anhängen.

Wiepert sann nach. Was sein Schwager da sagte, klang einleuchtend. Und ohne Frage wäre es für ihn selbst angenehmer, weiterhin als ein unbescholtener Mann leben zu können als fortan für den Kumpan eines Brandstifters zu gelten. Der Preis freilich war hoch: ein Menschenleben. Doch was sollte er machen? Er hatte ja alles versucht, Bielmann den Mord auszureden. Hindern aber konnte er ihn nicht, diesen auszuführen. Allenfalls durch eine Anzeige. Dann jedoch wäre er selber seines Lebens nicht mehr sicher – der Metzger würde sicher nicht davor zurückschrecken, ihn aus Rache für diesen Verrat umzubringen. Nein, niemand konnte von ihm verlangen, daß er das eigene Leben um eines anderen willen gefährdete. Mochte Bielmann also tun, was er für ratsam hielt. Er würde sich ihm nicht mehr in den Weg stellen.

Der Metzger hatte seinen Schwager aufmerksam beobachtet. Als er dessen Gesichtsausdruck entnahm, daß dieser im Begriff war, seine widersetzliche Haltung aufzugeben, sagte er: »Mir scheint, du siehst ein, daß ich recht habe. Ist es so?«

Wiepert zuckte die Achseln. »Nicht ganz. Ich sehe nur, daß es nutzlos ist, weiter mit dir über diese Angelegenheit zu reden. Also tue, was du willst, doch laß mich von nun an aus dem Spiel. Mit der Bluttat will ich auf keinen Fall etwas zu schaffen haben.«

»Nee, mein lieber Schwager«, versetzte Bielmann, »so billig kommst du mir nicht davon. Zwar will ich mit Rücksicht auf dein zartes Gemüt nicht von dir verlangen, daß du dir die Hände schmutzig machst, aber helfen mußt du mir schon.«

Der Parkhüter machte ein gequältes Gesicht. »In welcher Weise?« fragte er.

»Du mußt mir den Jungen zuführen. Schließlich kann ich ihn weder in der Stadt noch an seinem Arbeitsplatz erledigen. Ich muß sicher sein, daß er allein ist.« Da Wiepert schwieg, fuhr der Metzger fort: »Ich denke mir das so: Morgen nachmittag, kurz vor Feierabend, wirst du den Burschen, wenn niemand in seiner Nähe ist, im Park ansprechen und ihn mit irgendeinem Auftrag zum Stein schicken. In deiner Stellung bist du für ihn doch so was wie ein Vorgesetzter.«

»Zum Stein?« fragte Wiepert verwundert.

»Ja. Dort werde ich auf ihn warten. Um diese Zeit ist kein Mensch mehr auf der Insel. Und mit ihren Grotten und dunklen Gängen ist sie wie geschaffen dafür, jemand unauffällig aus dem Wege zu räumen.«

»Wenn du meinst ... Aber wenn die Sache schiefgeht, können wir uns beide gratulieren.«

»Keine Bange. Ist der Junge erst einmal auf der Insel, wird ihn niemand lebend wiedersehen. Sieh nur zu, daß er kommt – und natürlich allein!«

»Das läßt sich machen. Ich bin durchaus berechtigt, einem Lehrling eine Anweisung zu geben.«

»Großartig. Ich dachte schon, du hättest da vielleicht Schwierigkeiten. Dann also bis morgen abend. Wir treffen uns wieder hier, und zwar bald nach Einbruch der Dunkelheit.«

Mit diesen Worten trat Bielmann vor die Grotte, und Wiepert folgte ihm. Nachdem sie sich überzeugt hatten, daß niemand in der Nähe war, wateten sie ans Ufer und schlugen sich nach entgegengesetzter Richtung in die Büsche. Der Metzger nach Süden, um sich auf einsamen Feld- und Waldwegen zurück ins Sächsische zu begeben, der Parkhüter nach Norden. Er strebte der jenseits der Elbe gelegenen Stadt Coswig zu, wo er Verwandtschaft besaß, bei der er übernachten wollte. Auf dem langen Wege dorthin ließ er die Geschehnisse des Tages noch einmal an seinen inneren Augen vorüberziehen. Und da wurde ihm bewußt, daß es ein großer Fehler von ihm gewesen war, sich an der Brandstätte sehen gelassen und nicht mit an den Löscharbeiten beteiligt zu haben. Ganz gewiß würde man ihn nach dem Grund dieses eigenartigen Verhaltens fragen. So sehr er sich jedoch bemühte, eine glaubwürdige Ausrede zu ersinnen – ihm fiel keine ein.

Erst in der Dämmerung kam er zur Anlegestelle der Fähre und ließ sich mißmutig über den träge dahinfließenden Elbstrom setzen.

Anders als am Tag zuvor, an dem die Sonne die Stadt Wörlitz und die freundliche Landschaft, die diese umgab, noch einmal wie im Sommer mit ihrem warmen, hellen Licht überflutet hatte, verbarg sie sich am nächsten Morgen hinter dicken, dunklen Regenwolken. Dazu fegte ein kalter Wind über die abgeernteten Felder und die kurzgeschorenen Wiesen, schüttelte die Bäume des Parks und riß ihnen das teils schon buntgefärbte

Laub aus dem Geäst, um es am Boden wie spielend vor sich herzutreiben. Über Nacht schien es Herbst geworden zu sein, selbst in den Gemütern der Menschen. Denn nichts war da mehr von der Fröhlichkeit, mit der sie gestern zum Feiern ausgezogen waren. Still verrichteten sie ihre Arbeit mit ernsten oder gar griesgrämigen Gesichtern.

Auch Fürst Franz trug an diesem Morgen eine düstere Miene zur Schau, während er in seinem Arbeitszimmer auf und ab schritt und über die Ereignisse des Vortages nachdachte. Vielen Wörlitzer Bürgern hatten sie Not und Leid gebracht. Zwar waren die obdachlos gewordenen einstweilen bei Nachbarn oder Verwandten untergekommen, doch galt es natürlich trotzdem, ihnen so schnell wie möglich wieder zu eigenem Wohnraum zu verhelfen. Die ersten diesbezüglichen Befehle hatte der Fürst bereits erteilt. Nebenher beschäftigte ihn die Frage nach der Ursache der Katastrophe, und mehrmals hatte er sich schon bei seinem Kammerdiener erkundigt, ob sich der Parkaufseher Wiepert oder der Metzger Bielmann nicht endlich eingefunden hätten. Bald freilich wurde er durch die bevorstehende Abreise einiger seiner Gäste von diesen unvergnüglichen Gedankengängen abgelenkt.

Die größte Kümmernis jedoch an diesem trübseligen Tag herrschte im Haus des Tischlers Strömer, wo der bislang so rüstige, gesunde Alte nunmehr todkrank in seinem Bett lag.

Die alte Hanne, seine Schwester, hatte den Verunglückten auf Anweisung des Arztes zunächst auf die hölzerne Küchenbank lagern lassen, wo der erfahrene Mediziner die gräßliche Wunde sachgemäß verschloß. Dann wurde der Verletzte in seine Schlafkammer gebracht. Trotz aller Versuche, ihn wieder zu Bewußtsein zu bringen, dauerte dessen Ohnmacht bis tief in die Nacht. Stumm hatte Franz einen Stuhl neben das Bett seines Großvaters gerückt und ließ sich in den nächsten Stunden durch nichts bewegen, von dessen Seite zu weichen. Essen und Trinken, das Hanne ihm hinstellte, rührte er nicht an – selbst das gütige Zureden der sonst so bärbeißigen alten Frau half da nicht. Bleich und reglos wie eine Bildsäule saß der Junge neben dem Verunglückten. Erst nach Mitternacht überwältigte ihn der Schlaf, und der Doktor, der alle Stunden kam, um nach dem Patienten zu sehen, brachte ihn zusammen mit Hanne ins Bett. Doch schon am frühen Morgen war er wieder an der Seite des Kranken.

Ängstlich betrachtete er dessen eingefallenes, fahles Gesicht, und als der Arzt erneut erschien, faßte er sich ein Herz und fragte ihn leise: »Ach bitte, Herr Doktor, wird der Großvater wieder gesund? Oder muß er ... sterben?«

»Er hat sehr viel Blut verloren«, antwortete der Arzt, »das hat seine Widerstandskraft erheblich geschwächt. Trotzdem – wenn er keinen Wundbrand bekommt, ist nicht alle Hoffnung verloren. Vorläufig allerdings ist er tatsächlich in Lebensgefahr.«

»Und ich bin daran schuld!«

»Nein, mein Junge«, sprach da der Doktor väterlich, »ganz und gar nicht. Im Gegenteil, dir ist es zu verdanken, daß er überhaupt noch lebt. Ohne deine tapfere Tat wäre er jetzt sicher tot, und zwar grausam verbrannt oder erstickt. Du brauchst dir wahrlich keine Vorwürfe zu machen. Sogar Seine Durchlaucht, Fürst Franz, hat sich lobend über dich geäußert. – Übrigens solltest du nicht den ganzen Tag hier im Zimmer sitzen, damit kannst du dem Kranken auch nicht helfen. Hanne und ich passen schon auf ihn auf. Müßtest du nicht arbeiten?«

»Doch, doch«, stotterte Franz.

»Na, dann also ab mit dir!«

Der Aufforderung des angesehenen Arztes wagte sich der Junge nicht zu widersetzen, zumal sein Pflichtgefühl ihn bereits ein paarmal gemahnt hatte. Nach einem letzten Blick auf den immer noch wie leblos daliegenden Kranken begab er sich an seinen Arbeitsplatz im Park.

Den ganzen Tag über mußte Franz Lindig an den schwerkranken Großvater denken. Dabei kamen ihm auch wiederholt diejenigen in den Sinn, die letztlich schuld waren an dessen üblem, besorgniserregendem Zustand: die beiden Männer, die das Feuer gelegt oder jedenfalls den Anschlag miteinander besprochen hatten. Das Gespräch, dessen Ohrenzeuge er geworden war, ging ihm mehrere Male durch den Kopf, und er suchte immer wieder nach einem Anhaltspunkt, der für die Identifizierung eines der beiden Spießgesellen von Bedeutung sein könnte. Lange fiel ihm nichts dergleichen ein. Schließlich aber erinnerte er sich, daß ein Vorname genannt worden war. Doch wie hatte der gelautet? Es war ein seltsamer Name gewesen, einer, den Franz noch nie gehört hatte ...

Mitunter, während er Zweige und Äste von den Wegen und Rasenflächen aufsammelte oder sich bemühte, trotz des Windes das Laub zu Haufen zusammenzubringen, packte den Jungen plötzlich die Wut. Welches Unheil hatte diese gemeine, entsetzliche Tat angerichtet! Wie viele Menschen hatten ihr Haus und Hab und Gut verloren, nur weil ein gewissenloser Kerl sich vom Niederbrennen seines Hauses einen Vorteil versprach! Und der Großvater mußte sogar mit dem Verlust eines Armes, wenn nicht seines Lebens dafür bezahlen! Hoffentlich, sagte sich Franz in solchen Augenblicken, erhalten diese Unholde ihre gerechte Strafe!

So war der Tag langsam vergangen. Kurz vor Feierabend – Franz suchte bereits seine Gerätschaften zusammen – stand auf einmal ein Mann vor dem Jungen, der die Dienstkleidung eines Parkhüters trug. In der Hand hielt der Mann zwei Hacken und einen Spaten. Franz hatte ihn noch nie gesehen.

»Bist du der Lehrling Franz Lindig?« fragte der Mann in herablassendem Ton.

»Ja«, antwortete Franz verblüfft. Es war ihm nämlich, als habe er die Stimme dieses Mannes schon einmal gehört.

Der Aufseher aber fragte weiter: »Kennst du den Weg zum Stein?«

»Der großen Felseninsel mit dem roten Haus darauf? So ungefähr.«

»Schön. Dann wirst du noch, bevor du dich heimbegibst, diese Gartengeräte dahinbringen. Sie werden morgen früh dort benötigt. – Weißt du, wie du auf die Insel gelangst?«

»Nein«, erwiderte Franz, der immer noch überlegte, warum ihm die Stimme des Mannes so bekannt vorkam.

»Es gibt dort eine Fähre, ähnlich der, mit welcher man zum Amt hinüberfährt. Die kennst du doch?«

»Ja.«

»Gut. Die am Stein wird genauso betätigt. Es ist dort übrigens nur ein schmaler Kanal zu überqueren. Liegt die Fähre am jenseitigen Ufer, ziehst du sie mit Hilfe des Seils zu dir herüber.«

»Ich weiß schon, wie das geht«, sagte Franz. »Die Amtsfähre benutze ich jeden Tag.«

»Sehr schön. Du setzt also über und schaust nach dem alten Kühne. Kennst du den?«

»Nein.«

»Ist auch nicht nötig. Ein anderer ist um diese Zeit ohnehin nicht mehr dort. Solltest du diesen Mann nicht antreffen, legst du die Geräte in dem Gang ab, der nicht weit vom Anlegeplatz der Fähre entfernt in den Felsen hineinführt. – Und nun geh und laß dich unterwegs nicht aufhalten!«

Mit diesen Worten übergab er dem Jungen die Gerätschaften. Franz machte sich sogleich auf den Weg. Bis zu der Felseninsel am Ostende des langgestreckten Sees war es von dem Ort, an dem der Parkhüter ihn angesprochen hatte, eine beträchtliche Entfernung. Franz mußte sich beeilen, wenn er noch vor Anbruch der Dunkelheit dort hingelangen wollte.

Über zwei hölzerne Brücken, deren eine wie ein Floß auf dem Wasser schwamm, eilte er zur Anlegestelle der großen Amtsfähre, setzte auf die stadtwärts gelegene Seite des Sees über und lief dann an dessen südlichem Ufer entlang bis dorthin, wo die steinerne Insel hoch aus dem Wasser aufragte.

In diesem Teil der Parkanlagen war Franz nur selten gewesen, auf der Insel überhaupt noch nicht. Schon von ferne beeindruckte das mächtige Felsengebilde, das von einem spitzen Bergkegel gekrönt wurde. Unten bildete der Fels eine gewaltige Grotte, in die das Wasser des Sees hineinspülte.

Franz umging einen Teil der Insel auf dem sich krümmenden Ufer und erreichte bald jene Stelle, wo die Fähre lag. Die Insel war auf dieser Seite ganz anders gestaltet: Dem Knaben direkt gegenüber, ein paar Schritte vom Wasser entfernt, befand sich eine hohe Mauer, in der zwei torähnliche dunkle Öffnungen zu sehen waren – offensichtlich Einlässe zu jenem Gang, von dem der Parkhüter gesprochen hatte. Links davon, auf einem breiten Felsvorsprung, stand das hübsche rote Haus, das jedem, der sich von Rehsen dem Park näherte, schon auf eine halbe Meile Entfernung entgegenleuchtete. Hinter diesem Haus ragte der Felsen noch ein beachtliches Stück in die Höhe.

Ich werde mir die Insel bei dieser Gelegenheit einmal genauer anschauen, sagte Franz zu sich, als er in das flache Wasserfahrzeug stieg und hinüberfuhr.

Da sich dort niemand zeigte, trat er durch eines der Tore in den Gang, um darin, wie ihm aufgetragen, die Gartengeräte niederzulegen. Von rechts, wo sich die zweite Toröffnung befand, drang etwas Licht herein, während links tiefe Finsternis herrschte. Dort schien es weiter in den Fels hineinzuführen.

Franz durchschritt den hellen Teil des Ganges und fand sich unversehens auf einem runden Rasenplatz, der auf der einen Seite von Bäumen und Sträuchern, auf der anderen von merkwürdig hohen, in einem weiten Halbkreis angeordneten steinernen Treppen begrenzt war. Während der Knabe noch über die eindrucksvolle Anlage staunte, glaubte er auf einmal in dem Gang, aus dem er soeben herausgetreten war, Schritte zu hören. War der alte Kühne doch noch hier?

Franz begab sich wieder in den Gang – und prallte erschrocken zurück. Vor ihm stand eine große Gestalt, ein Mann, der keineswegs alt war und die Arme nach ihm ausstreckte.

»Wer seid Ihr? Was tut Ihr hier?« stammelte der Junge erschrocken.

Doch der Mann gab keine Antwort, sondern kam nur langsam auf Franz zu.

Entsetzt starrte er den Unbekannten an. Jäh wurde ihm klar, daß er in eine Falle geraten war. Und daß der Aufseher, der ihn geschickt hatte, einer der Männer war, die er belauscht hatte. Daher kannte er dessen Stimme! Und vermutlich war

dieser unheimliche Mensch, der ihm jetzt gegenüberstand, der andere, der, der den bösen Plan ersonnen hatte! Daß der Mann da ihm jetzt etwas antun wollte, daran gab es gar keinen Zweifel.

Dem Jungen war, als seien seine Füße mit zentnerschweren Gewichten belastet, als er vor der finsteren Gestalt zurückweichen wollte. Dennoch gelang es ihm, sich umzudrehen und aus dem Gang herauszulaufen. Er hastete über den Rasenplatz, drängte sich durch die Büsche, die diesen einfaßten und – stand vor der Wasserfläche des Sees. Er war ja auf einer Insel!

Schon kam ihm der Unbekannte wieder nahe. Verzweifelt sah sich Franz nach einem Ausweg um. Da erblickte er eine Öffnung in dem Felsen zu seiner Linken, und er sprang mit wenigen großen Sätzen dorthinein. Er befand sich abermals in einem Gang, der offensichtlich tief ins Innere des künstlichen Berges führte. Hätte Franz sich auf dem Stein ausgekannt, so hätte er in den vielen dunklen Gängen, die diesen durchziehen, seinem Verfolger leicht entkommen können. Doch er war ja zum erstenmal hier und mußte sich oftmals an der Wand entlangtasten, so daß er nur langsam vorwärtskam. Sein Verfolger hingegen wußte offenbar in diesem unterirdischen Labyrinth recht gut Bescheid, denn er kam immer näher. An einer Stelle wurde es hell, doch als Franz einen Blick aus der Öffnung warf, durch die das Licht fiel, sah er erneut Wasser vor sich. Rasch lief er weiter, wieder in die Dunkelheit hinein. Als es abermals heller wurde und der Gang endete, merkte er, daß er im

Kreise gelaufen war, denn er befand sich wiederum auf dem Rasenplatz.

Nun war guter Rat teuer. Wohin sollte er sich jetzt wenden? Ins Wasser springen? Da hatte der Größere und Stärkere mit ihm wahrscheinlich leichtes Spiel. Schwimmend würde er dem Manne kaum entkommen. Noch einmal in den Felsen hinein? Da war der andere auch im Vorteil. Als er bereits dicht hinter sich das Keuchen des Verfolgers hörte, flüchtete der Junge, ohne sich weiter zu besinnen, die steinernen Stufen hinauf. Doch der Mann blieb ihm auf den Fersen.

Franz erklomm nun den Felsen, auf den mehrere Pfade hinaufführten. Immer höher ging es über schmale Brückchen und an schroffen Wänden vorbei. Der See, die dämmrige Landschaft lagen tief unter ihm. Plötzlich war der steile enge Weg, der ihn hinaufgeführt hatte, zu Ende. Franz hatte den Gipfel der Berginsel erreicht, er befand sich unmittelbar neben dem spitzen Vulkankegel, der sie krönte. Hier ging's nicht weiter.

Und nahe unter ihm schnaubte schon der Verfolger, gleich würde er ihm ausgeliefert sein. Da rief der Junge so laut er konnte um Hilfe. Aber der Wind, der hier oben mit ungebrochener Kraft tobte, übertönte die Rufe mit seinem Brausen.

Jetzt stand der Mann mit wutfunkelnden Augen vor ihm.

Er war schrecklich anzusehen.

»Was wollt Ihr von mir?« schrie ihm Franz voll Todesangst entgegen. »Gebt den Weg frei! Laßt mich vorüber!«

Doch der Unbekannte sprach noch immer nicht, sondern musterte ihn nur lauernd.

Franz schlug das Herz bis zum Halse. Er spürte, der andere wartete auf einen günstigen Moment, um ihn zu packen. Wenn ich denn schon dran glauben soll, dachte er, dann will ich mein Leben wenigstens so teuer wie möglich verkaufen. Und er griff einen großen Stein, um ihn nach dem Unhold zu schleudern. Doch da war der bereits herzugesprungen, umklammerte Franzens Arm und riß diesen roh nach hinten. Vor Schreck und Schmerz schrie der Junge laut auf. Sogleich spürte er eine eiserne Faust an seiner Kehle. Nun ließ der Mann erstmals seine Stimme hören.

»Los, vorwärts«, zischte er, »und wag es ja nicht, noch einmal den Mund aufzumachen!«

Und mit diesen Worten versetzte er dem Jungen einen so kräftigen Stoß in die Rippen, daß dieser unweigerlich in die Tiefe gestürzt wäre, hätte der Mann ihn nicht an dem nach hinten gedrehten Arm festgehalten.

»Fast hätte es geklappt, was?« lachte er höhnisch hinter Franzens Rücken, während er den Jungen den schmalen Weg, der ihm zum Verhängnis geworden war, hinabdrängte, ohne dessen Handgelenk auch nur einen Augenblick loszulassen. Unversehens wurde Franz dann in eine Öffnung hineingestoßen, die sich als Mündung einer engen Wendeltreppe erwies. Es ging noch eine Weile abwärts, bis sie in einer dunklen Grotte standen, die sich zum Wasser hin öffnete.

Es war die gewaltige Höhle, die Franz auf seinem Weg zur Insel vom Seeufer aus gesehen hatte. Ihr Gewölbe ruhte auf mehreren mächtigen Pfeilern, deren äußere vom Wasser umspült wurden. In einem der inneren befand sich die Treppe, die Franz Lindig und sein Widersacher herabgekommen waren. In einem anderen Pfeiler war ein Brunnen verborgen, aus dem das Wasser bis hinauf zum Bergkegel befördert werden konnte. Durch eine enge, fensterartige Öffnung war dieser Brunnen auch von der Grotte aus zugänglich. Da er nur selten benutzt wurde, war die Öffnung meist verschlossen und das Geheimnis dieses Pfeilers nur wenigen Menschen bekannt.

Dem Metzger Bielmann jedoch wurde der Brunnen von seinem Schwager, dem Parkhüter Wiepert, einmal gezeigt, als sie zusammen die Insel besichtigten. An ihn hatte der Metzger gleich gedacht, als er beschloß, den Knaben umzubringen. In ihm würde man den Leichnam, wenn überhaupt, nicht vor dem nächsten Frühjahr finden. Wenn er den Jungen dort hineinstieß, brauchte er ihn nicht einmal zu töten, um ihn für immer zum Schweigen zu bringen. Der Junge würde ertrinken und niemand jemals feststellen, daß er durch fremde Hand gestorben war.

Inzwischen hatte sich die Nacht endgültig ausgebreitet. Doch noch immer wehte der stürmische Wind, heulte und wütete, bog die Bäume, daß sie ächzten, wühlte den See auf, daß die Wellen klatschend gegen die Felsen schlugen, und jagte die Wolken über den Himmel, daß der runde Mond immer wieder von ihnen bedeckt wurde.

In der Grotte, in die der Metzger sein Opfer gebracht hatte, war es fast völlig finster. Nur mühsam ließen sich die Umrisse der Pfeiler erkennen, die sich gegen das nächtliche Seeufer dunkel abhoben.

Mit harten Stößen trieb Bielmann den Jungen, dessen rückwärts gedrehten Arm er immer noch wie mit einer eisernen Klammer umschlossen hielt, zu jener Stelle hin, wo sich die Öffnung des klaftertiefen Brunnenlochs befand.

Hier zögerte der Metzger einen Moment. Er fragte sich, ob es nicht doch klüger sei, den Jungen zu töten, bevor er ihn in den Schacht stieß. Wie, wenn dieser durch einen Zufall den Sturz in die Tiefe überlebte, nicht ertrank und sich rettete! Da war es besser, ihm vorher das Bewußtsein zu nehmen, ihm so lange die Luft abzudrücken, bis er ohnmächtig sein würde. Ja, so wollte er es machen, er mußte ganz sicher gehen.

Währenddessen gewahrte Franz das schwarze Loch in dem Pfeiler und begriff schlagartig, was der Mann mit ihm vorhatte. Darin sollte er also für immer verschwinden? Alles in ihm sträubte sich gegen diesen Gedanken.

Er wußte, es hatte wenig Sinn, sich gegen den viel Größeren und Stärkeren zu wehren. Wenn es ihm aber hier, in dieser Dunkelheit, gelänge, sich loszumachen, dann hatte er noch eine Aussicht, ihm zu entrinnen.

Er sammelte alle Kraft, die in ihm war, um sich durch einen überraschenden Ruck dem harten Griff des Schlächters zu entwinden. Schon spannte er alle seine Muskeln an – da ließ der Mann von selbst los, um sein Opfer mit beiden Händen bei der Gurgel zu packen.

Dieser Augenblick genügte Franz, um beiseite zu springen. Und ehe der Metzger sich versah, war der Junge im Inneren des Berges verschwunden. Mit schützend vorgestreckten Armen lief er einen stockdunklen Gang entlang und fand sich unvermittelt an der Stelle, an der die Fähre lag. Er sprang in den Kahn hinein und war bereits am anderen Ufer, als der Unhold fluchend den Anlegeplatz erreichte.

Ohne sich umzuschauen, lief Franz, ab und zu laut um Hilfe rufend, so schnell er konnte auf die nahe gelegene Pappelallee zu, die zur Landstraße nach Rehsen führte. Dabei glaubte er immer wieder, den keuchenden Atem des Mannes, der ihn umbringen wollte, hinter sich zu hören. Doch es war nur der Wind, der ihm um die Ohren pfiff.

6. Kapitel
Dunkle Stunden.
Gericht und Beschluß

Auf der Landstraße wäre Franz fast gegen einen Fußgänger gerannt, der ihm von Wörlitz her entgegenkam. Er schrak zusammen, atmete im nächsten Augenblick jedoch erleichtert auf. Es war Förster Wöpke, der sich auf dem Heimweg nach Rehsen befand.

»Sachte, mein Freund!« rief dieser überrascht, als er den Enkel des alten Strömer erkannte. »Wohin so eilig?«

»Ach, Herr Wöpke«, erwiderte Franz, noch ganz außer Atem, »wie gut, daß Ihr es seid! Nun kann mir nichts mehr geschehen.«

»Was denn geschehen?« fragte der Förster, dem die Erregung des Knaben trotz der Dunkelheit nicht entging. »Wovor hast du Angst? Und wieso treibst du dich um diese Zeit noch hier draußen herum?«

»Ich kann nichts dafür«, beteuerte Franz. Und erklärte: »Man hat mich in eine Falle gelockt und wollte mir ans Leben!«

»Himmelsakrament! Im Ernst? Wie und warum denn das?«

Rasch erzählte der Junge, was ihm soeben widerfahren war.

»Das ist ja … Da fehlen mir wahrhaftig die Worte!« sagte darauf der Förster. »Ich werde gleich mal im Revier Umschau halten, ob das Wild noch einsteht. Traust du dich allein zurück in die Stadt?«

Franz nickte, doch war ihm nicht sehr wohl dabei. Konnte es nicht sein, daß der über seinen Mißerfolg erboste Mörder ihm unterwegs erneut auflauerte?

Auch Wöpke war jetzt dieser Gedanke gekommen, und er sagte: »Ach was, den Kerl werden wir schon noch fangen. Ich bringe dich erst mal nach Hause. Am Ende versucht dieser Schurke noch ein zweites Mal, dir den Garaus zu machen. Trotzdem find ich es gut, daß du die Verbrecher jetzt von Angesicht kennst. Damit sind sie endgültig geliefert.«

Als Franz die ersten erleuchteten Fenster des Städtchens erblickte, wurde ihm noch einmal so recht deutlich, daß er um ein Haar diesen Ort und die Menschen, die ihm lieb waren, niemals wiedergesehen hätte. Und niemand hätte gewußt, wohin er verschwunden wäre. Und die Mutter hätte sich gegrämt und bis zu ihrem Tod gehofft, er sei nur ausgerissen …

Je näher sie dem Haus seines Großvaters kamen, desto mehr mußte er an dessen schlimmen Zustand denken. Schließlich fragte er den Förster, ob er wisse, wie es dem Verletzten ginge.

Und der erwiderte: »Als ich heut bei ihm war,

gefiel er mir ganz gut. Natürlich war er sehr geschwächt. Auf jeden Fall wird er sich freuen, dich wiederzusehen. Er fragte bereits nach dir.«

Der Graubart begleitete den Jungen fürsorglich bis vor die Tür des Tischlerhauses. Dort verabschiedete er sich mit den Worten: »Morgen früh meldest du dich bei Meister Schoch im Gotischen Haus und bleibst in seiner Nähe, bis man dir andere Order erteilt. Ich werde unterdessen dem Fürst vom heutigen Vorfall berichten. Doch sicherlich will er die eine oder andere Einzelheit gern von dir selber hören. Halt dich also zur Verfügung. Und nun gute Nacht!«

Als die alte Hanne, die auf sein Klopfen hin die Tür geöffnet hatte, den Jungen gewahrte, machte sie ein böses Gesicht und fuhr ihn an: »Da kommst du ja doch noch, du Herumtreiber! Ich dachte schon, du wolltest diese Nacht wieder mal außer Haus verbringen. Wo warst du heut? Bist du wieder jemand nachgeschlichen?«

»Tante Hanne«, protestierte Franz, »es ist wirklich nicht meine Schuld, daß ich nicht gleich nach Feierabend heimgekommen bin! Denk dir, einer der Männer, die –«

»Erspare mir deine Geschichte!« schnitt ihm die Alte brummig das Wort ab. »Geh lieber zu deinem Großvater, er hat schon ein paarmal nach dir gefragt.«

Franz ließ sich das nicht zweimal sagen und eilte ins Krankenzimmer ans Bett des Verunglückten.

Dem schien es erheblich besser zu gehen. Im

Gegensatz zum Morgen, wo er noch völlig teilnahmslos in den Kissen gelegen hatte, waren seine Augen jetzt geöffnet und blickten dem Eintretenden freudig entgegen.

»Franz, mein Junge«, sagte er mit matter Stimme, »komm, gib mir deine Hand.« Und nachdem dieser seine Rechte in die Linke des alten Mannes gelegt hatte: »Schön, daß du endlich da bist ... Ich hatte schon befürchtet, dir sei wieder etwas zugestoßen.«

Franz schwieg und schaute zu Boden. War es angebracht, dem Kranken sein Erlebnis zu erzählen?

»Meine Ahnung hat mich also nicht betrogen«, sagte da der Tischler leise, das Schweigen richtig deutend. »Erzähle mir, was vorgefallen ist.«

Zögernd berichtete der Junge, was geschehen war, und der Kranke hörte ihm still zu. Die alte Hanne aber, die hereingetreten war, ließ sich erschrocken auf einen Stuhl sinken. Seit sie sich erinnern konnte, hatte es so etwas in Wörlitz nicht gegeben. Und sie hatte allerhand erlebt.

Während seines Berichts geriet Franz abermals stark in Erregung. Von neuem sah er klar vor Augen, wie sehr er in Gefahr, wie nahe er dem Tod gewesen war. Und den verstümmelten, schwerkranken Großvater anschauend, überkam ihn ein gewaltiger Zorn auf jene beiden Schurken, die soviel Unheil angerichtet hatten.

Als dann Hanne noch »Gott strafe diese Frevler!« murmelte, rief er: »Ja, sie haben in der Tat eine hohe Strafe verdient, und ich will das Meine dazu beitragen, daß sie die erhalten.«

»Was willst du tun?« fragte der alte Mann besorgt.

»Na ja«, versetzte Franz, »ich bin doch der einzige Zeuge. Hängt da von meiner Aussage nicht alles ab? Der Förster Wöpke hat mich morgen früh zum Fürsten bestellt, und da werd ich nichts verschweigen, was die gemeinen Kerle belasten kann, werde alles sagen, was ich von ihnen weiß. Also daß sie nicht nur Brandstifter, sondern auch Mörder sind. Jedenfalls es fast geworden wären.«

»Sprachst du nicht eben nur von einem, der dich umbringen wollte? Und hast du gestern nicht erzählt, daß sich einer der beiden in dem Gespräch, das du gehört hast, sogar gegen den Brandanschlag ausgesprochen hat?«

»Ja, schon ... Aber ist der, der ein Verbrechen deckt, nicht auch schuldig? Und der, der jemand ins Verderben schickt, nicht auch ein Mörder? Ich finde schon, daß beide gleich hart bestraft werden müßten!«

»Franz, das Richten ist nicht unsere Sache«, sagte der Kranke. »Deinen Zorn kann ich sehr gut verstehen, doch wenn du vor dem Fürsten sprichst, bleib bei der Wahrheit. Die Verbrecher werden ihrer Strafe nicht entgehen, da sei gewiß ... Nun aber laß dir von der Hanne etwas Kräftiges zu essen geben, dann geh zu Bett! Du siehst angegriffen aus.«

Schweigend ging Franz mit Hanne in die Küche, jedoch das Abendessen, das sie ihm vorsetzte, wollte ihm nicht schmecken. Er ärgerte, ja schämte sich, daß er bei seinem Großvater einen falschen Eindruck erweckt hatte. Er wollte seine Aussage keineswegs aus Rache oder Zorn übertreiben oder ausschmücken. Täte er dies, wäre er ja nicht besser als die beiden, deren Bestrafung er verlangte.

Lange wälzte er sich an diesem Abend noch in seinem Bett, ehe ihn der Schlaf übermannte.

Um die Zeit, als Franz Lindig sein bequemes Nachtlager aufsuchte, watete der Mann, der ihn hatte töten wollen, durch das kalte Wasser des Sees. Er stapfte zu der Insel hinüber, die ihm als Schlupfwinkel und als geheimer Treffpunkt mit dem Parkhüter Wiepert diente.

Nachdem der Metzger den Förster mit dem Jungen auf der sonst menschenleeren Landstraße gesehen hatte, war er zähneknirschend in den dunklen Park zurückgekehrt. Dort irrte er eine ganze Weile umher und überdachte die neu entstandene Lage. Am liebsten wäre er noch in die Stadt geschlichen, um Franz notfalls auch in seinem Bett umzubringen, und er war mehrmals im Begriff, diesen Gedanken in die Tat umzusetzen. Schließlich siegte aber sein Verstand über die Wut, die er auf den Gärtnerburschen hatte. Wenn seine Existenz – nach dem mißlungenen Mordanschlag – nunmehr auch endgültig vernichtet war, so wollte er doch wenigstens in Freiheit leben. Das Land mußte er jetzt für immer verlassen.

Unter derlei düsteren Gedanken betrat er die Grotte. Doch sein Schwager, den er hier vorzufinden glaubte, war noch nicht da. Mißlaunig wikkelte er sich in seinen Mantel, um sich gegen die Kälte und den Wind, der aus vielen Maueröffnungen hereinpfiff, etwas zu schützen. Fluchend ließ er sich in einem Winkel nieder, um auf den Parkhüter zu warten. Zu gern hätte er sich sofort in Sicherheit gebracht, doch er war dem Parkhüter ausgeliefert, weil er Geld brauchte. Wiepert war weit und breit der einzige Mensch, von dem er ein paar Gulden als Wegzehrung erlangen konnte. Eigentlich hätte der längst hier sein müssen. Sein unerklärliches Ausbleiben verstärkte das Mißbehagen und die Unruhe des Brandstifters mehr und mehr. Wie wäre ihm erst zumute gewesen, wenn er gewußt hätte, daß der, auf den er voller Ungeduld und frierend wartete, zu dieser Zeit bereits in einem warmen Bette lag!

Nachdem der Aufseher den Lehrling Franz mit den Gerätschaften zum Stein beordert hatte, meldete sich mit einem Male wieder sein Gewissen, und er begann, die Angelegenheit erneut in seinem Kopfe hin und her zu wenden. Dabei versuchte er zunächst mit allerlei Ausflüchten, sich selber von der Mitschuld an Feuer und Mord reinzuwaschen. Ich wollte es ja nicht, sagte er sich, und hätte mich freiwillig nie dazu hergegeben, einem Mörder in die Hände zu spielen. Doch was blieb mir übrig, wo ich selbst mit dem Tode bedroht worden bin? Bielmann ist zu allem fähig und von dem, was er sich einmal in den Kopf gesetzt hat, nicht mehr abzubringen. Natürlich tut es mir leid um den Jungen, und ich wünschte, daß es ihm gelänge, dem Metzger zu entrinnen. Immerhin, eine ganz kleine Chance hat er doch noch. Vielleicht wird er unterwegs aufgehalten, oder der alte Kühne ist aus irgendeinem Grund noch auf der Insel, so daß Bielmann nichts unternehmen kann ...

Wenn es diesem aber glückt, den Jungen zum Schweigen zu bringen, nun gut, dann hat das Schicksal es eben so gewollt. Was kann ich dafür? Die Gerätschaften mußten ja tatsächlich auf den Stein gebracht werden, ich hatte dem alten Kühne versprochen, sie ihm heute noch zurückzugeben. Und daß man Lehrjungen mit derartigen Aufträgen betraut, ist durchaus üblich.

Unter solchen Gedanken schlenderte er um den See herum, der die Insel mit der Grotte umschloß.

Als der Parkhüter ins Wasser stieg, um zu der Insel hinüberzuwaten, dämmerte es schon stark. Dort war es jetzt recht unwirtlich und ungemütlich, und selbst die Grotte, die er unverzüglich aufsuchte, bot vor dem kalten Wind nur wenig Schutz. Mißmutig ließ er sich auf einem der steinernen Sitze nieder und schaute gedankenverloren hinaus auf die in der Dunkelheit versinkenden Ufer des Sees.

Der Wind hatte inzwischen noch an Stärke zugenommen. Er brauste und fauchte um die Grotte, als sei er böse auf den Gast, den sie beherbergte, und rüttelte die Bäume auf der Insel, daß sie ächzten und stöhnten wie leidende Menschen.

Wiepert wurde immer unbehaglicher zumute. Ernst und mahnend schienen die weißen Marmorstandbilder, die an den Wänden aufgestellt waren, auf ihn herabzublicken. Es war, als wollten sie ihn an den frevelhaften Plan erinnern, den sie gestern hatten mit anhören müssen. Doch ohnehin dachte der Parkhüter fortwährend an den Jungen, den er mit seinem Auftrag zum Tode verurteilt hatte. Vor seinem inneren Auge sah der empfindsame, aber charakterschwache Mann, wie der Knabe arglos in den dunklen Gang trat, um die Gerätschaften darin niederzulegen, und wie er dort von dem Metzger hinterhältig gegriffen und getötet wurde. Bei dieser Vorstellung überfiel ihn ein Schauder, und er empfand in diesem Augenblick echtes Mitleid mit dem Jungen.

Der Wind hatte jetzt etwas nachgelassen, draußen wurde es stiller. Plötzlich fuhr der Aufseher zusammen. Hatte er nicht einen Hilfeschrei gehört? Er sprang auf und trat vor den Eingang der Grotte. Mit klopfendem Herzen lauschte er angestrengt in jene Richtung, in welcher der Stein lag. Aber außer dem Rauschen der Bäume war nichts mehr zu vernehmen. Ein kalter Windstoß trieb ihn in die Höhle zurück. Hoffentlich ist das bald ausgestanden! dachte er. Hoffentlich kommt Bielmann bald!

Doch der ließ nach wie vor auf sich warten. Dafür meldete sich erneut Wieperts schlechtes Gewissen und belastete ihn weiter mit schweren Gedanken. Dieser Mord ist völlig unsinnig, sagte er sich schließlich und fand, daß er dem Metzger viel stärkeren Widerstand hätte entgegensetzen müssen, sich nicht so leicht von ihm hätte einschüchtern lassen dürfen ... Jetzt freilich war es zu spät, um den Knaben zu warnen oder zu retten. Der war jetzt tot, war von dem Schlächter ermordet worden, erschlagen, erwürgt oder erstochen. Und er, Wiepert, war nicht nur Mitwisser des Verbrechens, sondern Mittäter. Als Gehilfe eines Mörders war er gleichfalls ein Mörder ...

Verstört trat er zum zweiten Male vor die Grotte. Der Wind war unvermerkt zum Sturm geworden und riß ihm fast die Kleider vom Leibe. Er schien das aber gar nicht wahrzunehmen. Geistesabwesend überquerte er das kleine Eiland, stieg in das aufgewühlte Wasser des Sees und watete zurück zum Ufer. Das lange Warten ging über seine Kräfte, er wollte endlich Gewißheit haben. Vielleicht konnte er das Schlimmste doch noch verhüten? Vielleicht war es ein gutes Zeichen, daß Bielmann ausblieb? Der Junge mußte ja schon längst auf dem Stein angekommen sein!

So schnell es die Dunkelheit erlaubte, eilte Wiepert zu der Insel, auf die er Franz Lindig geschickt hatte. Der Sturm peitschte die jungen Bäume, die seinen Weg säumten, so heftig, daß ihre Wipfel sich fast bis zu ihm hinunterbeugten. Hier und da splitterte ein älterer Baum, und rundherum krachte es im Geäst. Einmal fiel dicht neben dem Parkhüter ein schwerer Ast zu Boden, so daß er erschrocken zur Seite sprang.

Endlich stand er vor der Fähre, die zu der Felseninsel hinüberführte. Er stieg hinein und setzte über. Nichts ließ erkennen, daß sich gegenwärtig jemand hier befand. Er trat in den Gang, in dem der Junge die Gerätschaften hatte ablegen sollen. Nach ein paar Schritten stieß er mit seinem Fuß an einen Gegenstand. Er tastete danach, es war ein Spaten. Der Bursche war also tatsächlich hier gewesen. Wo aber war er jetzt, und wo war Bielmann? Wenn der Metzger seine scheußliche Tat vollbracht hatte, warum kam er dann nicht an den vereinbarten Ort? War er vielleicht noch dabei, den Leichnam zu beseitigen?

Wiepert durchschritt alle Gänge des Felsens, durchforschte jeden Winkel des unterirdischen Labyrinths, doch seinen Schwager fand er nirgends.

Rätselnd, was er von der Sache halten sollte, und unschlüssig, was jetzt zu tun sei, verließ er die Insel wieder. Unwillkürlich nahm er nun den Weg, der am Seeufer entlang zum Städtchen und zum Schlosse führte. Hätte er den Rückweg zur Grotte eingeschlagen, wäre er unweigerlich auf Bielmann getroffen, der sich endlich anschickte, ihren geheimen Treffpunkt aufzusuchen. So aber blieb er weiterhin im ungewissen. Nachdenklich schritt er vor sich hin und hatte keinen Blick für die Umgebung, die selbst in dieser stürmischen Nacht reizvoll war. Wenn keine Wolke den Mond verdeckte, beschien er den unruhigen See und dessen vielgestaltige, baumreiche Ufer mit seinem matten Licht. Der Mann jedoch blickte in sich hinein, wo ein Gedanke immer mehr alle anderen verdrängte. Der nämlich, ohne Rücksicht auf die Folgen alles, was er über den Brand und den Mordanschlag auf Franz Lindig wußte, dem

Amtsrichter oder dem Fürsten zu gestehen. Oder doch jedenfalls das meiste. Mochte der Metzger diesen Schritt auch als Verrat betrachten, er, Wiepert, sah es anders. Er hatte beides nicht gewollt und gutgeheißen, schon nicht die Brandstiftung und gleich gar nicht den Mord. Der Schwager hatte ihn auf gemeine Art zur Mitwirkung gezwungen. Warum sollte er sich nun, wo dessen Vorhaben gescheitert und dessen Schuld nahezu offensichtlich war, auch noch mit ihm bestrafen lassen? Ganz gleich, was sich auf dem Stein ereignet hatte, der Metzger war verloren. Er aber konnte sicher nach einem reuigen Geständnis mit Nachsicht rechnen ...

Als der Parkhüter die Stadt erreichte, stand sein Entschluß fest. An jener Stelle des Seeufers, wo der Fürst den neuen Judentempel hatte errichten lassen, bog er in die Amtsgasse ein. Einen Augenblick blieb er vor dem Amtshaus stehen, als überlege er, noch jetzt in der Nacht seine Aussage zu machen. Er ging aber weiter und gelangte in die Förstergasse, in der nun sechs Häuser fehlten, darunter sein eigenes. Als er an der Brandstätte vorüberschritt, dachte er: Welch ein Glück, daß es gestern nicht schon solchen Sturm gegeben hat. Was wäre dann von dieser Stadt übriggeblieben?

Der Weg führte den Aufseher auch durch die Mittelstraße am Hause des Tischlers Strömer vorbei, in dem noch Licht brannte. Gar zu gern hätte er gewußt, ob der Junge heimgekommen war oder ob man wieder auf ihn wartete. Doch er wagte es nicht, anzuklopfen und zu fragen. Daß der alte

Tischler schwer verunglückt war, hatte er erst heute nachmittag erfahren, als er einen Bekannten um ein Nachtquartier bat.

Im Gasthof »Zur Post«, an dem er nun vorüberkam, sah er durchs Fenster noch Zecher sitzen, und er verspürte Lust, sich zu ihnen zu gesellen. Doch er bezwang sich und seinen Appetit auf ein würziges Bier und ging weiter zum Anger, wo sein Quartiergeber wohnte. Im Wirtshaus hätte er womöglich auf mehr Fragen Antwort geben müssen, als ihm derzeit recht sein konnte. So klopfte er nach kurzer Zeit an die Haustür seines Bekannten, der ihn freundlich einließ, ohne zu fragen, woher er so spät komme. Er lud seinen Schlafgast sogar noch zu einem kleinen Nachttrunk ein, ehe er sich zur Ruhe begab. Wiepert hingegen fand trotz des Tranks keinen Schlaf. Ihn peinigten die Ungewißheit über das, was sich auf dem Stein zugetragen hatte, und die Angst, daß sein Geständnis ihm nicht die Strafmilderung bringen könnte, die er sich erhoffte.

Am folgenden Morgen ließ sich der Förster Wöpke beim Fürsten melden. Der blickte verwundert auf den eintretenden Alten.

»Was gibt's denn, Wöpke?« fragte der Fürst, nachdem er den Gruß des Forstmannes erwidert hatte.

»Es geht noch mal um den Brand, Durchlaucht«, versetzte der Förster. »Der Junge, der die Brandstifter belauscht hat, wäre gestern von einem der beiden beinah umgebracht worden.«

Fürst Franz runzelte die Stirn, und um seine Lippen zuckte es, als er antwortete: »Jetzt ist's aber genug! Ich hatte gestern leider keine Zeit, mich um diese unliebsame Angelegenheit weiter zu kümmern. Die Gäste gingen vor. Heut aber soll geklärt werden, was sich nur irgend klären läßt. Also, was ist das für eine neue Geschichte?«

Hierauf schilderte Wöpke, was Franz Lindig am gestrigen Abend widerfahren war.

Sein Bericht trieb dem Fürsten die Zornesröte ins Gesicht, und als der Graubart geendet hatte, rief er: »Ist denn das die Möglichkeit? Ich habe wahrlich schon so manche Schurkerei erlebt, seit ich dies Land regiere, doch dergleichen ist mir noch nicht vorgekommen. Welche Infamie, einem arglosen jungen Menschen, der ja noch ein Kind ist, nach dem Leben zu trachten! Und du meinst, dieser Bielmann könnte der Verbrecher sein?«

»Ich will Meier heißen, wenn der es nicht gewesen ist. Die Beschreibung, die der Junge von dem Mann gegeben hat, paßt jedenfalls recht gut auf ihn. Freilich, es war fast dunkel, als sich die Sache abspielte, und ob Franz das Gesicht des Schurken wiedererkennt, muß sich erst noch erweisen. Doch noch was anderes spricht dafür, daß Bielmann der Kerl war: Sein Haus und Wieperts haben zuerst gebrannt. Also sind sie sicher die Feuerleger, und die hatten ja einen Grund, den Jungen, der gegen sie zeugen kann, aus dem Weg zu räumen.«

»Auch mir«, sagte der Fürst, »scheinen Bielmann und Wiepert dringend verdächtig. Doch

Brandstiftung und Mord sind zweierlei, und ein fragwürdiges Motiv sowie eine ungenaue Beschreibung reichen nicht aus, einen bislang unbescholtenen Mann des versuchten Mordes anzuklagen. Wenn es wirklich der Metzger war, der es auf unseren Gärtnerburschen abgesehen hatte, warum wurde er von diesem nicht an der Stimme erkannt?«

»Soviel ich weiß, Durchlaucht«, versetzte der Förster, »hat der Schuft kaum ein Wort gesprochen. Aber einen von denen, die den Brandanschlag ausgeheckt haben, kennt der Junge jetzt von Angesicht –«

»Nun?« unterbrach ihn der Fürst ungeduldig.

»Es ist der Parkhüter, der ihn zum Stein geschickt hat. Und nach seiner Beschreibung kommt nur einer in Frage: Wiepert.«

»Also doch. Warum bist du nicht gleich damit herausgerückt? Dann ist es freilich sehr wahrscheinlich, daß der Metzger der Mordgeselle ist. Zwei Nachbarn ...«

»Und Verwandte!« ergänzte Wöpke. »Die beiden sind Schwäger.«

»Sauberer Klüngel! Da soll der Amtmann mal die beiden suchen lassen. Und wenn sie gefunden sind, zu mir bringen. Ich möchte sie selber vernehmen.«

»Wie Durchlaucht befehlen ... Ich werde mich sofort mit um die Sache kümmern. Die Kerle sollen ihrer Strafe nicht entgehen.«

Fürst Franz nickte und bedeutete dem Förster, daß er gehen könne. Als dieser bereits in der Tür war, rief er ihm nach: »Ach, Wöpke, und sorge dafür, daß der Junge verfügbar ist. Könnte sein, daß wir ihn noch brauchen.«

»Geht in Ordnung«, versicherte der Graubart und machte sich auf den Weg in die Stadt.

Es war ein klarer, frischer Morgen. Der Sturm hatte in der Nacht alle Wolken vom Himmel gefegt, nur über den Wiesen und Feldern hing noch ein leichter Dunst.

An der Anlegestelle der Fähre stieß der alte Forstmann einen Fluch aus, weil das Fahrzeug am anderen Seeufer lag und er genötigt war, es erst mit der Seilwinde zu sich herüberzuholen. Dann mußte er noch einmal kurbeln, um sich zur Stadt hinüberzubefördern. Dort sprang er ungeduldig an Land und eilte zum nahe gelegenen Amt, um dem Amtmann den Befehl des Fürsten auszurichten.

Kaum hatte er das Amtshaus wieder verlassen, kam ihm Wiepert entgegen.

»Hallo, Wiepert!« rief er überrascht. »Da seid Ihr ja! Der Fürst verlangt Euch dringend zu sehen!«

Der Angeredete wirkte übernächtig und erwiderte stockend: »Ich bin eben auf dem Wege ins Amt...«

»Na schön«, antwortete der Förster, »da komme ich gleich noch mal mit.«

Der Amtmann machte große Augen, als er den Parkhüter erblickte.

Wöpke aber sagte: »Hier ist bereits einer der gesuchten Halunken!«

Mit ängstlich flackernden Augen sah Wiepert hierauf den Förster an.

»Vielleicht«, fuhr dieser fort und blickte dem Aufseher fest ins Gesicht, »kann er uns gleich verraten, wo sein sauberer Schwager zu finden ist!«

Betroffen stammelte Wiepert: »Ihr wißt also –?«

»Wir wissen alles«, sagte Wöpke etwas übertreibend. »Also, wo ist Bielmann?«

»Ich ... weiß es nicht«, versetzte kleinlaut der Gefragte.

Da trat der Förster dicht vor ihn hin und sagte drohend: »Hört, Wiepert, Ihr steckt bis zum Hals in dieser hundsgemeinen Sache. Wollt Ihr, daß man ihn Euch demnächst zuschnürt?«

»Ich weiß wirklich nicht, wo mein Schwager sich jetzt befindet«, beteuerte der Parkhüter. »Ich wollte mich auf der Amalieninsel mit ihm treffen, aber er kam ja nicht.«

»Wann?«

»Gestern abend.«

»Hm«, brummte Wöpke. Und zu dem Amtmann gewandt, sagte er: »Ich würde trotzdem mal ein paar Leute hinschicken. Vielleicht ist er doch dort und wartet noch auf seinen lieben Verwandten. Wenn nicht, mögen sie die anderen Stellen im Gelände absuchen, die sich als Schlupfwinkel eignen. Diesen Herren hier begleite ich gleich selber zum Fürsten, schließlich ist er mir ins Garn gelaufen. Ihr habt doch nichts dagegen?«

Dem Amtmann war es recht. Ihm bereitete diese Angelegenheit ohnehin genug Probleme.

Wenig später trat Wöpke mit Wiepert vor den Fürsten. Der warf einen forschenden Blick auf den Mann, der in so schwere Straftaten verwickelt war, und donnerte ihn dann so kräftig an, daß selbst der Förster, der neben dem Parkhüter stand, erschrocken zusammenfuhr.

»Habt Ihr den Brand gelegt?«

Leise erwiderte Wiepert: »Verzeihung, Durchlaucht. Nein, ich bin's nicht gewesen.« Und nach kurzer Pause sagte er fast flüsternd: »Aber gewußt habe ich von dem Plan. Und nun bin ich gekommen, um zur Aufklärung des Geschehens beizutragen. Mein Schwager Bielmann hat sein und mein Haus angezündet, um die Entschädigung – er brauchte bares Geld – aus der Brandkasse zu erhalten. Meine Schuld ist, daß ich nicht soviel Mut aufbrachte, Bielmanns Vorhaben anzuzeigen. Doch an der Tat selbst war ich nicht beteiligt. Als das Feuer ausbrach, war ich wie die meisten Wörlitzer auf dem Drehberg. Das kann der Förster Wöpke bezeugen, der mich dort gesehen und sogar mit mir gesprochen hat.«

Fürst Franz sah Wöpke an, welcher nickte. »Das stimmt, Durchlaucht. Ich habe den Mann dort gesehen.«

Noch immer zornig, wandte sich der Fürst wieder an Wiepert: »Und warum habt Ihr das verbrecherische Vorhaben des Metzgers nicht gemeldet? Was für ein Mut hätte dazu gehört? Ihr seid doch jetzt – wenn es stimmt, was Ihr sagt – aus freien Stücken hergekommen!?«

»Bielmann, Durchlaucht, ist der Gatte meiner

Schwester«, erklärte Wiepert, »und ein starker, roher Mensch. Es ist nicht leicht, sich ihm zu widersetzen. Ich habe mir viel Mühe gegeben, ihm den Plan auszureden, zumal ja auch mein Haus vernichtet werden sollte, aber leider vergebens. Wäre der Junge hier, der unsere Unterhaltung in dem Felsgemach mit angehört hat, könnte er es bestätigen.«

»Er ist jedoch nicht hier«, sagte Fürst Franz. »Übrigens – wann habt Ihr ihn das letzte Mal gesehen?«

Wiepert zögerte einen Augenblick mit der Antwort. Er wußte ja noch immer nicht, was auf dem Stein geschehen war. Ihm war nur klar, daß er sich von der Angelegenheit so weit wie möglich distanzieren mußte, wenn er Nachsicht erwirken wollte. Andererseits durfte er nicht verschweigen, daß er Franz Lindig auf den Stein geschickt hatte. Denn wenn der Junge noch lebte, würde das sicherlich zur Sprache kommen. Da war es besser, es gleich zuzugeben – es war ja nichts Unübliches. Wenn dann dem Burschen auf der Insel etwas zugestoßen war, was konnte er dafür? Eine Beteiligung an dem Verbrechen – falls es geschehen und ans Licht gekommen war – würde man ihm auf keinen Fall nachweisen können. In der Grotte, in der Bielmann ihm seinen Mordplan vorgetragen hatte, hatte sie ganz gewiß niemand belauscht.

So erwiderte der Parkhüter letztendlich entschlossen: »Gestern nachmittag, Euer Durchlaucht. Ich beauftragte ihn, einige Geräte auf den Stein zu bringen.«

Der Fürst zog die Brauen zusammen. Diese Antwort sprach für den Mann. Dennoch konnte der Auftrag ein Vorwand gewesen sein. Darum fragte er streng: »Warum so spät? Und wozu wurden die Geräte dort benötigt? Es sind doch genügend auf der Insel vorhanden!«

»Ich hatte dem alten Kühne versprochen, sie ihm so bald wie möglich zurückzubringen«, versetzte Wiepert eilig. »Es waren Hacken und Spaten, die in der Werkstatt repariert worden sind.«

»Das dürfte sich nachprüfen lassen«, brummte der Fürst. Dann sagte er wieder mit harter Stimme zu dem Parkhüter: »Und Ihr wißt nicht, wo Euer Schwager sich jetzt aufhält?«

»Nein, Durchlaucht, bei meiner Ehre!«

»Bei Eurer Ehre?« rief Fürst Franz höhnisch. »Was mag die wohl noch wert sein?« Zu Wöpke aber sagte er: »Ich wünsche nun den Jungen zu sprechen. Ist er inzwischen hier?«

»Ich hoffe«, erwiderte der Förster. »Ich hatte ihn gestern noch angewiesen, sich heute morgen bei Schoch zu melden und in der Nähe dieses Hauses zu bleiben. Wenn Durchlaucht gestatten, geh ich mal nachschaun, ob er folgsam gewesen ist.«

Der Fürst nickte, Wöpke ging und ließ den Aufseher, der bei den letzten Worten des Fürsten aufgehorcht hatte, mit seinem Dienstherren allein.

Dieser betrachtete beinahe mitleidig den Mann, der kläglich wie eine geknickte Pflanze in einiger Entfernung vor ihm stand, und sagte dann unvermittelt: »Was habt Ihr zu dem Mordanschlag zu sagen, der gestern auf Franz Lindig verübt worden ist?«

Der Parkhüter war einen Augenblick geneigt, seine – ja unfreiwillige – Beteiligung an dieser Untat, die also offensichtlich stattgefunden hatte, zu gestehen. Jedoch die Furcht vor der vermutlich schweren Strafe gewann sehr schnell wieder die Oberhand und riet ihm dringend, in diesem Punkte weiterhin den Unschuldigen und Unwissenden zu spielen.

So sagte er: »Ein Mordanschlag? An Franz? Warum denn das? Entsetzlich! Kennt man den Täter?«

Das war nun freilich stark geheuchelt und zudem ungebührlich. Hier hatte Wiepert keine Fragen zu stellen.

Aber der Fürst blickte den Aufseher nur forschend an und sagte: »Wahrscheinlich war es Bielmann, Euer Schwager.«

Das wissen sie also, dachte Wiepert. Doch solang sie ihn nicht haben, kann er mich nicht belasten. So brauche ich vorerst nichts zu befürchten. Laut aber sagte er: »Bielmann? Nein! Ist das zu glauben? Nicht nur ein Brandstifter, sondern auch ein Mörder!«

»Beinahe jedenfalls«, versetzte Fürst Franz. »Und Ihr habt wirklich nichts mit dieser Angelegenheit zu schaffen?« Er schaute Wiepert an, als wollte er ihn mit seinen Blicken durchbohren. »Schließlich habt Ihr den Jungen auf den Stein geschickt!«

Der Parkhüter hatte Mühe, den Blick seines

Landesherren auszuhalten. Mehrmals schlug er die Augen nieder, als er erwiderte: »Von der geplanten Brandstiftung hab ich gewußt, das hab ich bereits zugegeben. Von dem Mord aber wußte ich nichts. Ich hätte sonst bestimmt versucht, den Anschlag zu verhindern.«

»Nun, wir werden sehen, ob wir Euch glauben können«, entgegnete der Fürst, dem die leichte Unsicherheit seines Bediensteten nicht entgangen war. »Hören wir einmal, was der Knabe zu sagen hat.«

Als hätte er nur auf dieses Stichwort gewartet, meldete der Diener jetzt den Förster und den Jungen.

»Sollen reinkommen!« rief der Fürst.

Der Diener öffnete die Tür, und Wöpke trat mit Franz Lindig ins Zimmer. Der Junge war blaß und hatte verweinte Augen. Fürst Franz schaute den Förster fragend an, worauf dieser erklärte: »Sein Großvater, der Tischler Strömer, ist heute nacht verstorben. Sie wissen, Durchlaucht, der alte Mann, der bei dem Brande –«

»Schon gut, Wöpke, ich bin im Bilde«, unterbrach ihn der Fürst. Und zu Wiepert sagte er: »Noch eine Schuld mehr, die auf euch lastet! Auf Euch, Wiepert, und auf Eurem Schwager! Hätte es das Feuer nicht gegeben, wäre der Mann noch am Leben!«

Der Parkhüter schwieg. Auch er bedauerte, daß der Tischler gestorben war. Und zwar nicht nur, weil er ihn gemocht hatte, sondern auch, weil er sich sagte, daß dessen Enkel nun noch mehr An-

laß hatte, seinen Haß auf Bielmann und ihn zu richten. Dabei hing von der Aussage des Jungen soviel für ihn ab ... Vorsichtig schielte er zu ihm hin. Die finstern Blicke, die dieser ihm zuwarf, schienen ihm nichts Gutes zu verheißen.

Inzwischen hatte sich der Fürst dem Jungen zugewandt. »Ist dies der Mann, der dich zum Stein geschickt hat?« fragte er ihn freundlich.

»Ja, Herr Fürst«, antwortete Franz leise.

»Und dessen Stimme du als eine von denen, die du in dem Gemach auf der Klippe vernahmst, wiedererkannt hast?«

»Ja.«

»Stimmt es, daß dieser Mann von dem Brandanschlag abriet?«

Ängstlich und gespannt sah Wiepert ins Gesicht des Knaben. Der zögerte ein wenig. Er begriff, wie wichtig seine Antwort für den Aufseher war. Sagte er »nein«, würde der Mann gewiß als Mitschuldiger an der Feuersbrunst bestraft. Und er fand immer noch, daß er eine gehörige Strafe verdiene. Andererseits hatte er sich tatsächlich gegen die Brandstiftung ausgesprochen. Und das war's, was der Fürst jetzt von ihm wissen wollte... Während er noch ein bißchen schwankte, fiel ihm die Mahnung des Großvaters ein, stets bei der Wahrheit zu bleiben.

Er strich mit der Hand über die Stirn, wie um die unrechten Gedanken zu vertreiben, und sagte mit fester Stimme: »Ja, Herr Fürst, es ist richtig. Er hielt nichts von dem Plan und hat versucht, sich ihm zu widersetzen.«

Wiepert atmete auf.

Fürst Franz aber sagte: »Ich denke, wer einen Brandanschlag nicht billigt, billigt erst recht keinen Mord. So wollen wir dem Manne glauben, daß er mit diesem anderen Verbrechen, das Gott sei Dank fehlgeschlagen ist, nichts zu tun hat. Diese Sache wollen wir also, was ihn betrifft, auf sich beruhen lassen. Dafür jedoch, daß er den frevelhaften Plan des Metzgers nicht zur Anzeige gebracht oder sonstwie vereitelt hat, wird er von seinem Aufseheramt abgesetzt und mag sich künftig durch Hilfsarbeit sein Brot verdienen. Auch gibt es für sein abgebranntes Haus keine Vergütung. Zudem erlege ich ihm auf, für seine Schwester und deren Kinder zu sorgen, falls diese in Wörlitz bleiben. Der Mann, der Metzger, wird natürlich, sobald wir seiner habhaft sind, erbarmungslos zur Rechenschaft gezogen.«

Drei Tage später wurde der Tischler Strömer zu Grabe getragen. Fürst Franz hatte ein würdiges Begräbnis angeordnet und folgte höchstpersönlich dem Sarg des Mannes, der sein Leben so mutig im Kampf gegen die Feuersbrunst eingesetzt hatte. Neben dem Fürsten schritten Franz, der Gärtnerbursche, und dessen Mutter, hinter diesen Wöpke und die alte Hanne. Darauf folgte fast die gesamte Einwohnerschaft der Stadt Wörlitz. Auch Wiepert hatte sich, freilich verschämt erst ganz am Schluß, in den Zug eingereiht.

Bielmann, der Brandstifter und verhinderte Mörder, wurde nicht aufgefunden. Auch später hat man ihn in Wörlitz nie wieder gesehen.

Franz Lindig blieb im Hause seines verstorbenen Großvaters wohnen, wo sich außer der alten Hanne nun seine Mutter, die ihr kleines Anwesen in Rehsen verkauft hatte, um ihn kümmerte.

Fürst Franz behielt seinen jungen Namensvetter wohlwollend im Auge und ermöglichte ihm nach Abschluß der Lehrzeit, seine Kenntnisse durch Studien im Ausland zu erweitern. Franz Lindig wurde schließlich ein so tüchtiger Gärtner, daß er von seinem Dienstherrn in die verschiedensten Gegenden Deutschlands gesandt wurde, um bei der Anlage neuer Landschaftsgärten zu helfen. Doch welch verlockende Angebote man dem jungen Gartenmeister auch machte, ganz und gar in fremde Dienste zu treten – stets lehnte er sie ab. Denn immer wieder zog es ihn nach Wörlitz und seinem Park zurück.

Anmerkungen

Seite

5 *Anhalt:* ehemaliges Fürstentum zwischen Mittelelbe und Harz, das sich in drei kleinere Territorialstaaten gliederte: Anhalt-Zerbst, Anhalt-Köthen und Anhalt-Dessau

5 *Schloß:* gilt als eines der ersten klassizistischen Bauwerke in Deutschland

5 *Park:* nach englischem Muster angelegter Landschaftsgarten, für seine Zeit beispielgebend

6 *Brücken und Brückchen:* Noch heute gleicht keine der vielen Brücken der andern; die meisten wurden nach bekannten Vorbildern gestaltet.

6 *Leopold Friedrich Franz:* 1740–1817, Fürst, ab 1807 Herzog von Anhalt-Dessau. Gehört als hoch gebildeter, humanistisch gesinnter und reformfreudiger Monarch zu den positivsten Gestalten der deutschen Adelsgeschichte.

8 *Humboldt:* Karl Wilhelm, Freiherr von,

	1767–1835. Einer der bedeutendsten Wissenschaftler und Staatsmänner seiner Zeit; gründete zusammen mit seinem Bruder Alexander die Berliner Universität.
9	*Schoch:* Johann George, 1753–1826. Nach seinem Vater Johann Leopold Hofgärtner und bedeutender Gartengestalter auch außerhalb Anhalts
12	*Gulden:* Silbermünze im Wert eines Zweidritteltalers, auch Bezeichnung für Zweidritteltalerstück. – Die hier beschriebene Episode wird vom ersten Biografen des Fürsten überliefert.
12	*weiße Brücke:* Treppenbrücke über den Wolfskanal, nach einem englischen Vorbild errichtet
13	*Hohe oder Bogenbrücke:* nach chinesischem Vorbild entstanden
14	*mächtiger Felsen:* Aus Findlingen errichteter Felsbau, der später den Namen »Luisenklippe« erhielt. Bedeutung umstritten
14	*Taxusgebüsch:* hier Taxus baccata, die Gemeine Eibe. In Wörlitz wurden die (giftigen!) Eiben in großer Zahl als Unterholz angepflanzt.
16	*Vertiefung in der Mauer:* Die Tür ließ sich in die Wand drehen.
17	*»Zum Eichenkranz«:* 1785 von Erdmannsdorff erbaut

17	*Drehberg:* seit 1776 in der Nähe von Wörlitz als »Nationalfest« begangenes Sport- und Erntefest, an dem in Anwesenheit des Herrscherpaares die acht Dorfschaften des »Wörlitzer Winkels« teilnahmen
18	*Menschen aus ganz Deutschland:* u. a. übernachteten hier der Dichter Novalis, der Philosoph Schelling und der Maler und Kupferstecher Chodowiecki.
20	*Alle Welt beneidet uns:* In der Tat stach Anhalt-Dessau vom benachbarten Preußen und Sachsen durch seine für die damalige Zeit vorbildlichen wirtschaftlichen und sozialen Einrichtungen ab.
20	*Wöpke:* Leopold, 1738–1809, Fürstlich-anhaltinischer Oberförster und weitbekanntes Original
20	*Corte:* Friedrich, gest. 1827. Wörlitzer Maurermeister, hat erheblichen Anteil an der Ausführung vieler Parkbauten.
27	*ins Sächsische:* Das kleine Anhalt hatte eine lange Grenze mit Sachsen, die von Wörlitz im Süden nur ca. 7 km entfernt war.
46	*Preis:* ein Tressenhut sowie 20–30 Taler
47	*Förstergasse:* Hier wurden tatsächlich alte Fachwerkhäuser durch (vorsätzlich gelegte?) Brände zerstört.

50	*Brandbekämpfung:* Der persönliche Einsatz des Fürsten bei der Brandbekämpfung wird in den zeitgenössischen Quellen vielfach erwähnt.
57	*Das Eisen:* Diese Episode berichtet von einem Brand in Dessau. Dort befreite ein junger Zimmergeselle einen Tischler Strömer durch einen heroischen Axthieb aus seiner Notlage.
64	*Grotte:* sogenannte Amaliengrotte auf der Insel gleichen Namens. Für Besucher heute nicht zugänglich
72	*Stein:* auf einer Insel errichtetes, vielgestaltiges Bauwerk aus großen Granitblöcken. Der Fürst ließ hier seine Erinnerungen an die Umgebung von Neapel Gestalt werden.
77	*rotes Haus:* Nachbildung der Villa Hamilton bei Neapel. Lord H. war englischer Gesandter und namhafter Altertumsforscher.
79	*wie ein Floß:* sogenannte Schwimmende Brücke
79	*hohe Mauer:* Nachbildung einer antiken Ruine auf Sizilien
79	*Meile:* altes Längenmaß, etwa 7,5 km
80	*steinerne Treppen:* Nachbildung eines antiken Amphitheaters
86	*klaftertief:* Klafter – altes deutsches Längenmaß, etwa 3m
90	*Gotisches Haus:* im gotischen Stil errichtetes Landhaus im hinteren Teil

des Parks, in dem sich die Privatwohnung des Fürsten sowie die des Hofgärtners befand

100 *neuer Judentempel:* 1789–1790 von Erdmannsdorff als Kultstätte für die Wörlitzer Bürger jüdischen Glaubens errichtet

114 *Gärtner:* Eine Reihe Dessau-Wörlitzer Gärtner war zeitweilig außerhalb Anhalts tätig und half zahlreiche Anlagen nach Wörlitzer Vorbild zu errichten. (u. a. in Weimar, Gotha, Halle, Rheinsberg, Potsdam, Berlin)

© Altberliner Verlag GmbH, Berlin 1991
Alle Rechte vorbehalten
Gesamtherstellung: Druckhaus Aufwärts Leipzig GmbH
Printed in Germany 1991

ISBN 3-357-00303-1